LEON BATTISTA ALBERTI

Franco Borsi
Stefano Borsi

SOMMARIO

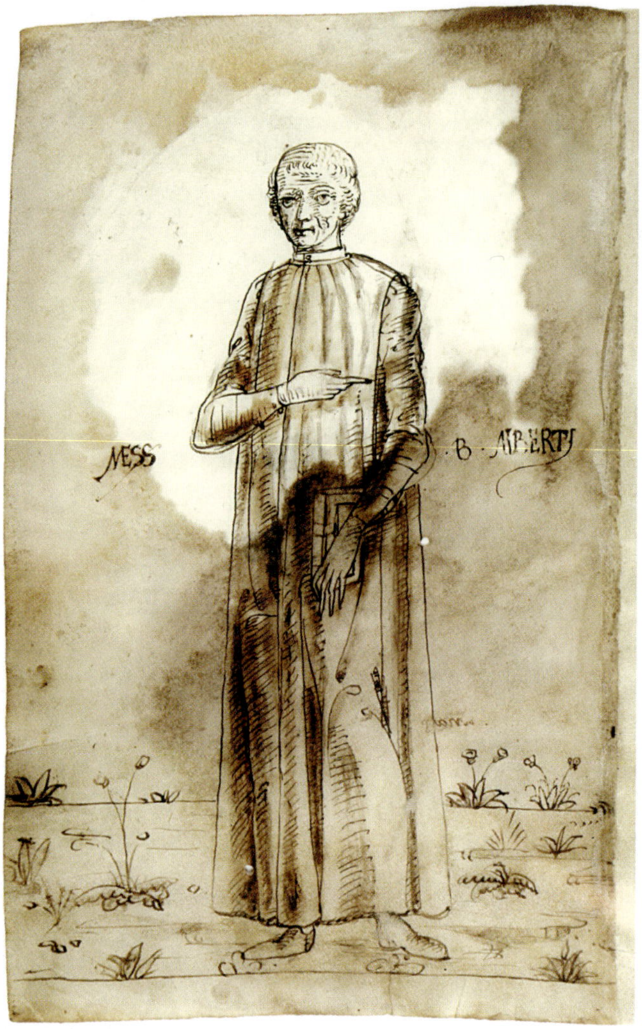

In copertina:
facciata
di Santa Maria Novella
(commissionata
tra il 1439 e il 1442);
Firenze.

Nella pagina a fianco:
Tempietto
del Santo sepolcro
(1467),
particolare
degli intarsi marmorei
sui due fianchi;
Firenze,
cappella Rucellai.

Qui sopra:
anonimo fiorentino,
ritratto
di Leon Battista Alberti
(1470 circa);
Roma,
Biblioteca nazionale
centrale.

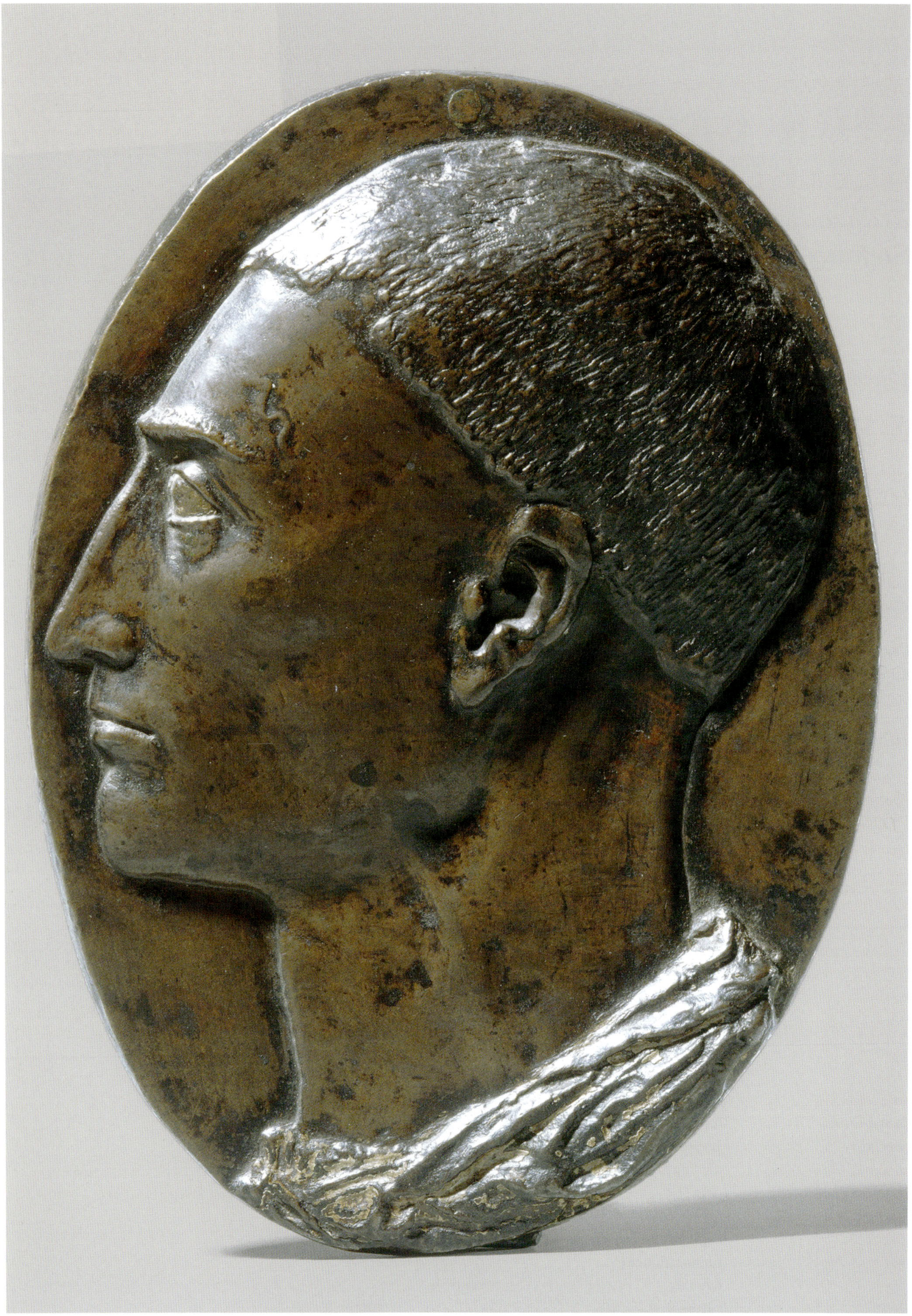

L'ARCHITETTO FANTASMA

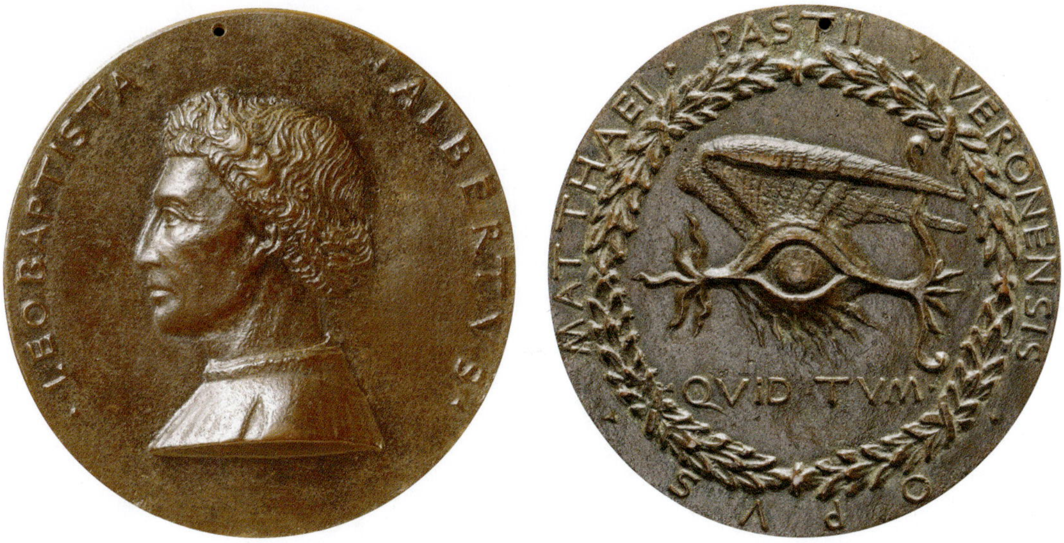

Matteo de' Pasti, medaglia di Leon Battista Alberti, (1446-1450), diritto con ritratto e rovescio con occhio alato; Washington, National Gallery of Art.

Nella pagina a fianco: Leon Battista Alberti (attr.), placchetta con Autoritratto (1432-1434 circa); Washington, National Gallery of Art.

Uomo universale per la vastità dei temi e problemi affrontati, che investono scienza e arte, lettere e linguistica, le fonti antiche e il mondo contemporaneo,

Alberti possiede una personalità caratterizzata, al di là di un cliché "monumentale" ormai superato, da una fondamentale contraddizione. Da un lato la fiducia umanistica nelle capacità del proprio tempo, proponendo i modelli di un moderno legittimato dall'autorità dell'antico, ma non per questo meno originale. Dall'altro il disincanto sottilmente pessimistico di fronte alla realtà della storia, ai mali della curia e della Chiesa, ai pericoli e alle fragilità dell'ideale nascente del principe, all'incapacità e all'impotenza dei modelli intellettuali a incidere e modificare la realtà. Di qui la sua presa di distanza, i prudenti distacchi dai cantieri e dalle corti, l'evasione letteraria, il ricorso alla metafora mitologica, alla satira, l'ambiguità di un linguaggio né laico né ecclesiastico, l'alterno ricorso al latino e al volgare. E di qui la definizione di «camaleonte» attribuitagli da Cristoforo Landino, la sua mobilità di interessi e di atteggiamenti, le auliche e dotte citazioni e, qua e là, le scoperte confessioni.

Gli stessi itinerari della vita fecero di lui, nato esule da una grande famiglia sradicata dall'origine fiorentina, un viaggiatore e un pellegrino tra i centri di quel Rinascimento che con la sua opera di persuasione contribuì prepotentemente a fondare. Uomo libero, per estrazione familiare e prestigio culturale, di trattare alla pari con i grandi del suo tempo, investiva col suo senso di libertà anche se stesso e la propria opera. Non calato nei fatti, non pienamente documentato nelle fonti, non legato alle proprie opere se non in modo prudente e talvolta indiretto, Alberti è un personaggio quasi imprendibile, non riconducibile a formule univoche e risolutive, continuamente esposto a illazioni amplificanti o a smentite riduttive. Di qui la frammentarietà di una bibliografia sconfinata e la rarità degli approcci sintetici distanziati negli anni, resistenti nel tempo loro malgrado solo in virtù della insuperabile difficoltà dell'impresa.

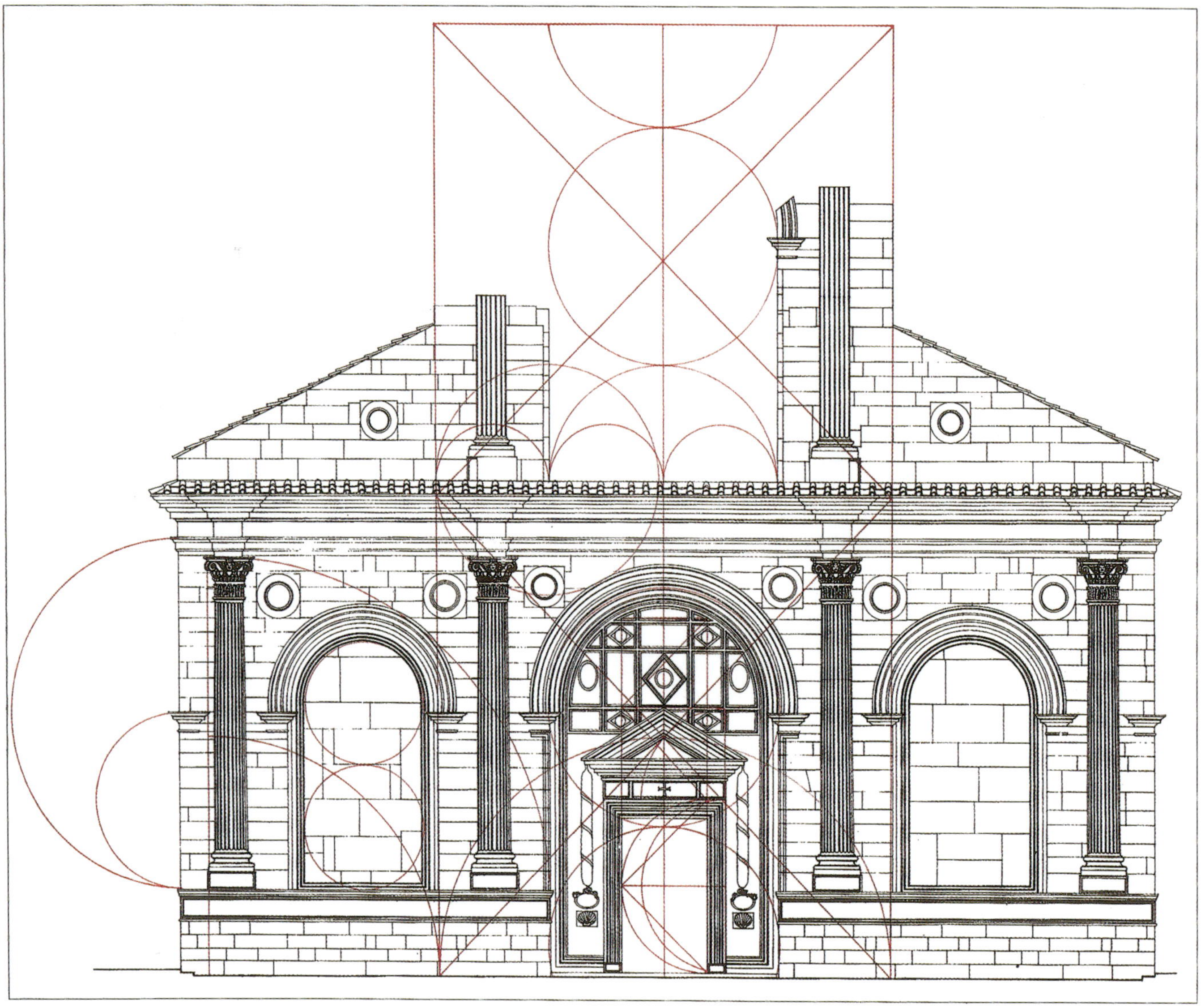

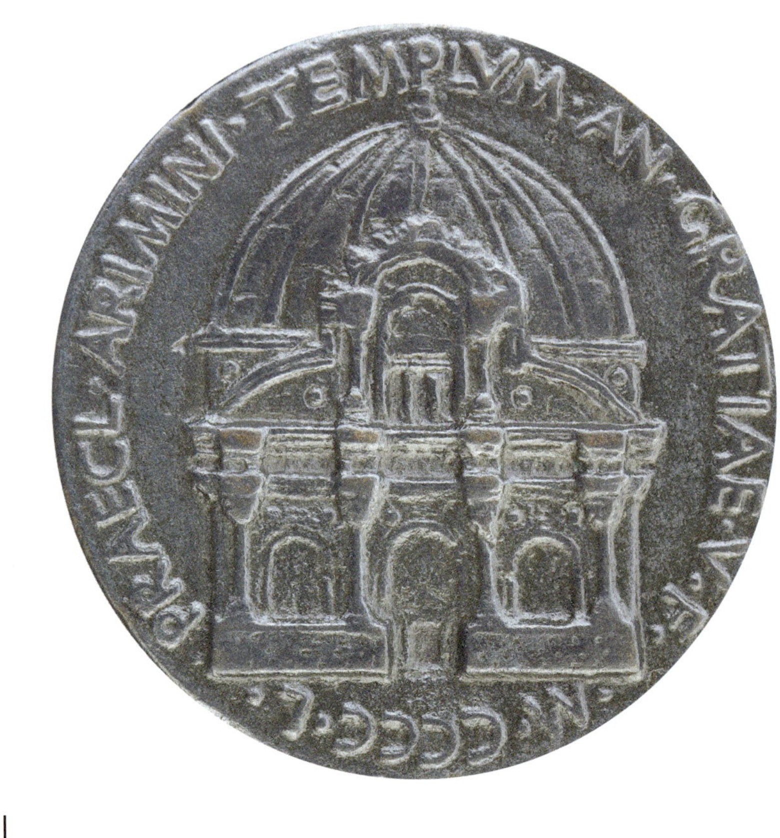

La singolarità maggiore del percorso artistico di Alberti consiste nel rapporto tra l'autore e l'opera. Di Alberti non esistono disegni, progetti, non si conoscono presenze dirette nei cantieri, se non per le indirette testimonianze di collaboratori e interpreti. Dell'architettura teorizza la natura intellettuale, il riscatto dall'"ars medianica" di matrice medievale, il disegno mentale del progetto, i rapporti matematici e proporzionali che la accostano al mondo delle armonie musicali, l'alto messaggio simbolico e sociale.

Delle sue architetture nessuna è realizzata sotto la sua sorveglianza se non molto indiretta: «Quel che tu muti discorda tutta quella musica», scrive a Matteo de' Pasti che, forse allarmato da alcune caratteristiche del modulo albertiano della classicistica scatola di cui rivestire la chiesa gotica di San Francesco (il Tempio malatestiano di Rimini), aveva fatto notare problemi e difficoltà, quali il fuori asse delle finestre.

Alberti se ne disinteressa, sa che la «musica» non ha eccezioni, che le leggi assolute dell'armonia non conoscono compromessi. L'alta coscienza di sé e soprattutto la convinzione dei valori connessi all'arte di edificare portano Alberti a restringere il dialogo con la committenza solo agli spiriti eletti che offrono la garanzia di una fiducia totale nella razionalizzazione del progetto e nel suo significato religioso, politico e sociale: di qui il precetto che consiglia all'architetto di non essere disponibile per tutti. È l'impostazione stessa del trattato d'architettura (*De re aedificatoria*,

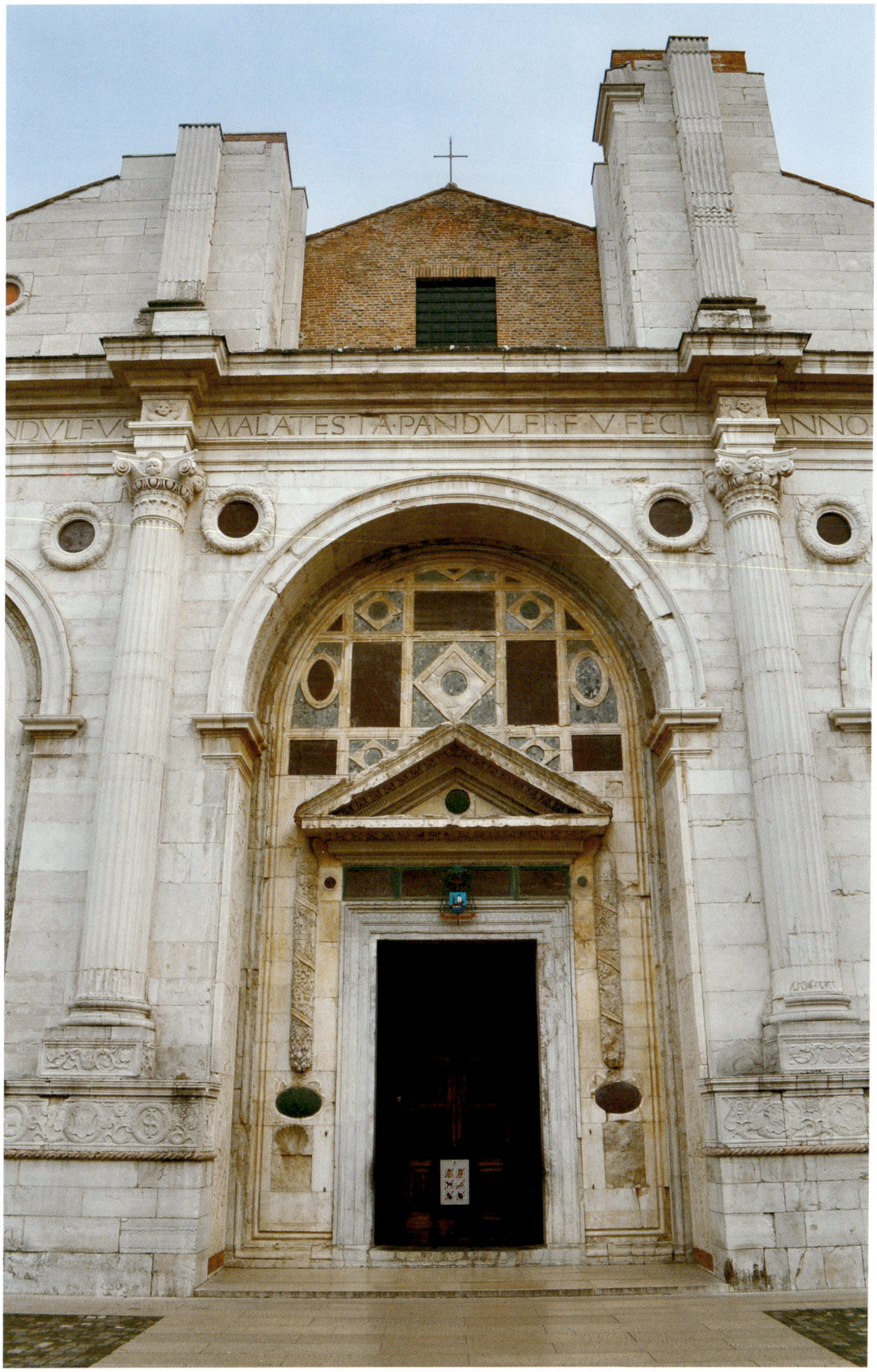

Tempio malatestiano (progetto del 1447-1450), particolare della facciata; Rimini.

Nella pagina a fianco, dall'alto: schema proporzionale della facciata del Tempio malatestiano di Rimini.

Matteo de' Pasti, medaglia celebrativa di Sigismondo Malatesta (1450), rovescio con il Tempio malatestiano di Rimini; Berlino, Staatliche Museen, Bode-Museum, Münzkabinett.

L'effigie del Tempio malatestiano tramandata dal bronzo di questa medaglia celebrativa acquista il valore di una prima ipotesi ricostruttiva dell'originale progetto di Alberti rimasto incompiuto. La testimonianza è tanto più preziosa quando si pensi che l'artefice della medaglia è anche l'architetto al quale venne affidata l'esecuzione del progetto albertiano.

Vitruvius,
De architectura,
pagina miniata
in volume manoscritto
(XV secolo);
Firenze,
Biblioteca medicea
laurenziana,
Plut. 30.10, fol. 1r.

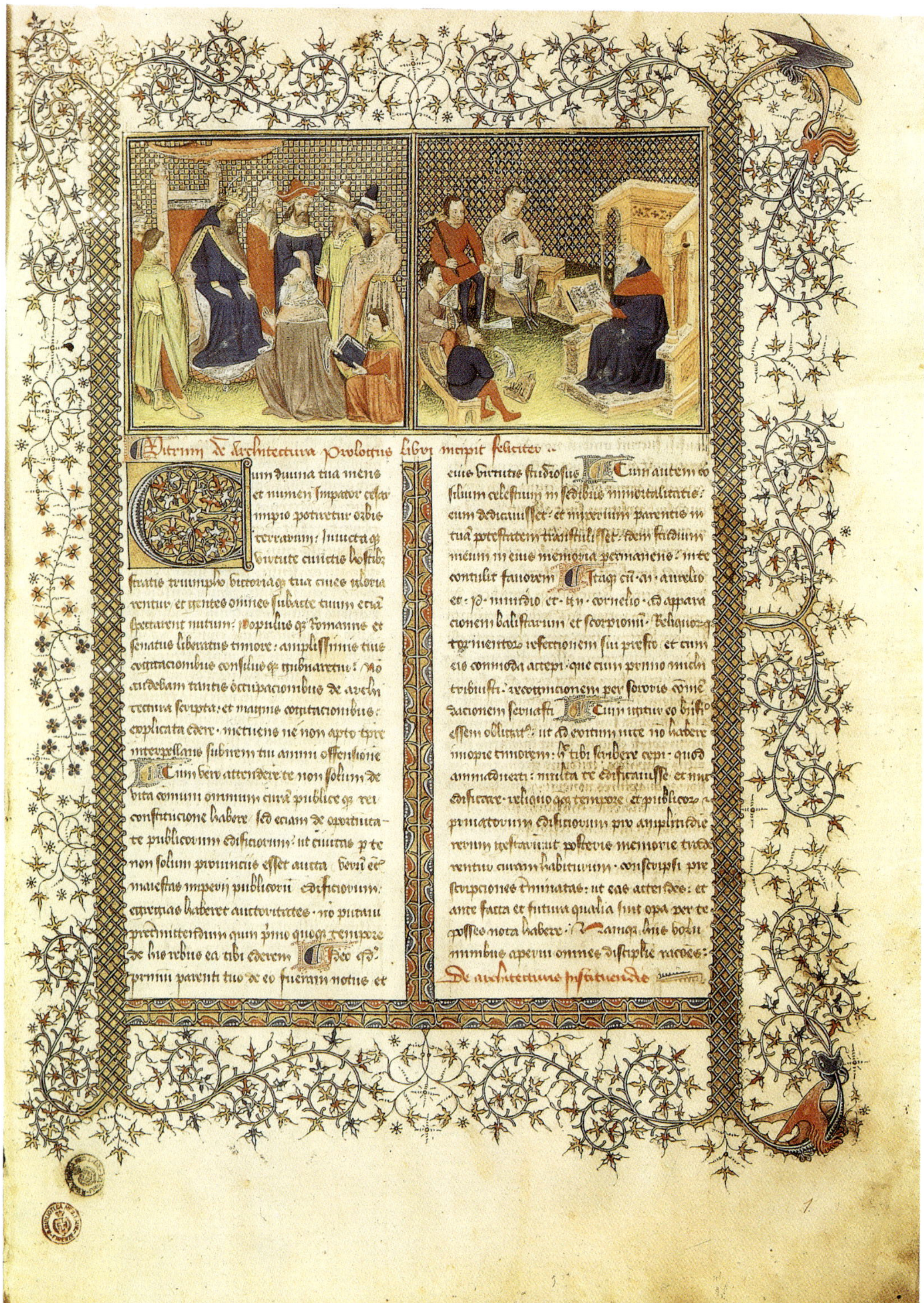

Nella pagina a fianco:
De re aedificatoria,
incipit del manoscritto
(seconda metà del XV
secolo);
Modena,
Biblioteca estense.

La capitale M ingloba
il ritratto a mezzo
busto dell'Alberti,
autore del trattato,
coronato d'alloro.

1452), rivolto alla formazione culturale dei committenti prima che all'addottrinamento degli architetti: l'istanza fondamentale che potere e spazio architettonico sono due facce della stessa medaglia tanto che, presente o no di persona, tutte le città rinascimentali che abbiano conservato l'impronta coraggiosa e creativa del nuovo linguaggio sembrano ispirate alla lezione albertiana, giustificando faticose illazioni attributive o ipotesi interpretative di scarni documenti.

Appartiene alla singolarità dell'epoca il fatto che rudi condottieri come Sigismondo Pandolfo Malatesta – violento, avido, stupratore – o come Ludovico Gonzaga – armigero prudente e ambiguo – e forse lo stesso Federico da Montefeltro avessero dialogo coll'Alberti e persino tante sollecitudini e attenzioni: «Queste quattro quaglie sono per messer Leon Battista», scrive il Gonzaga. Lorenzo il Magnifico, la cui personalità fu profondamente segnata dalla lezione albertiana, era ansioso di

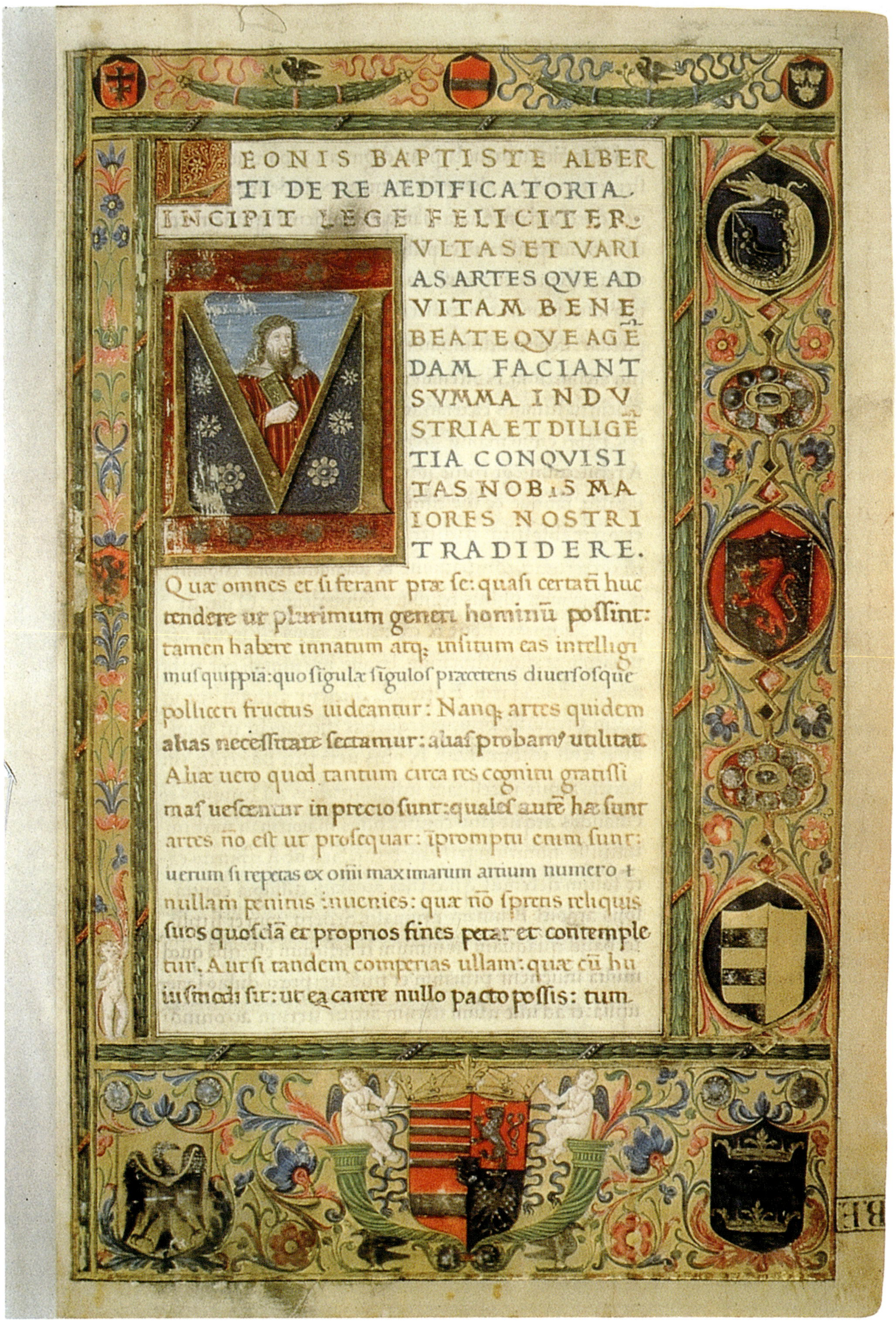
LEONIS BAPTISTE ALBERTI DE RE AEDIFICATORIA.
INCIPIT LEGE FELICITER.
MVLTAS ET VARIAS ARTES QVE AD VITAM BENE BEATEQVE AGEDAM FACIANT SVMMA INDVSTRIA ET DILIGETIA CONQVISITAS NOBIS MAIORES NOSTRI TRADIDERE.
Quæ omnes et si ferant præ se: quasi certati huc tendere ut plurimum generi hominũ possint: tamen habere innatum atq; insitum eas intelligimus quippiã: quo sigulæ sigulos præterea diversosque polliceri fructus videantur: Nanq; artes quidem alias necessitate sectamur: alias probam⁹ utilitate. Aliæ vero quod tantum circa res cognitu gratissimas versentur in precio sunt: quales autẽ hæ sunt artes nõ est ut prosequar: ĩ promptu enim sunt: verum si repetas ex omi maximarum artium numero nullam penitus invenies: quæ nõ spretis reliquis suos quosdã et proprios fines petat et contempletur. Aut si tandem comperias ullam: quæ cũ huiusmodi sit: ut ea carere nullo pacto possis: tum

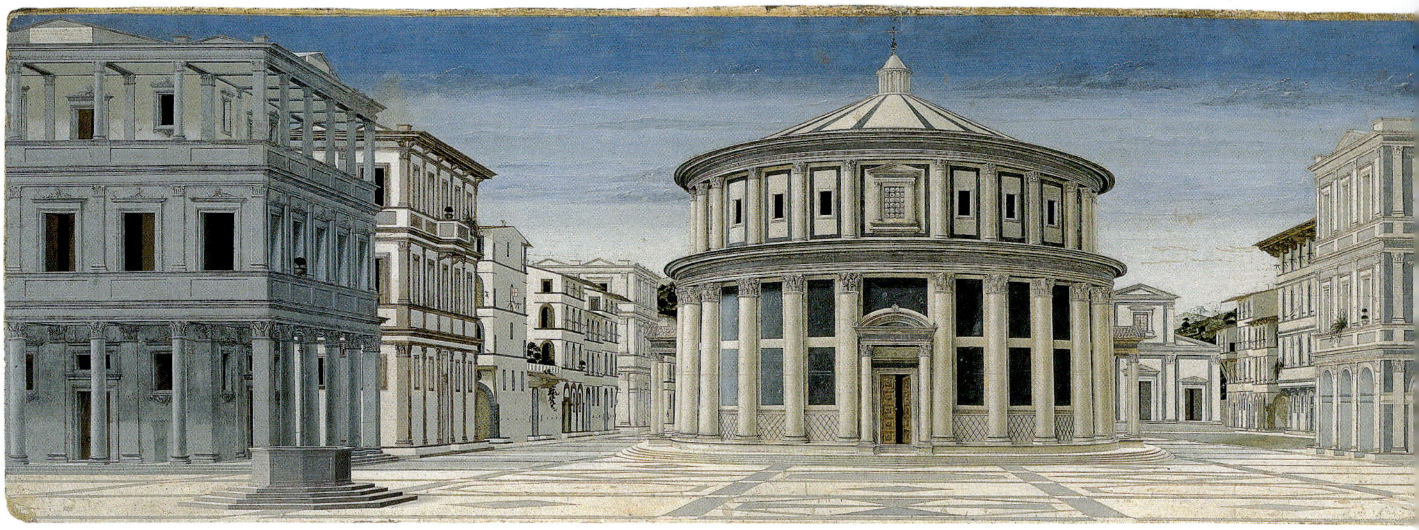

Piero della Francesca (attribuito a), **Prospettiva di città ideale** *(1460 circa); Urbino, Galleria nazionale delle Marche.*

Quello della città ideale è uno degli argomenti più dibattuti della trattatistica rinascimentale. Rispetto a questo tema, Alberti, che pure non propone alcun modello di città ideale nei suoi trattati, è comunque tra coloro che ne hanno determinato la genesi e influenzato la definizione di un prototipo. Infatti, è evidente che il suo linguaggio non è legato solo a singole architetture ma è proiettato in una dimensione urbana, come Ferrara e Pienza sembrano confermare: l'una urbanisticamente ripensata per la signoria estense da Biagio Rossetti, l'altra ideata per Pio II da Bernardo Rossellino, entrambi ritenuti interpreti privilegiati del pensiero di Alberti.

ricevere ai bagni di Petriolo, nel senese, il *De re aedificatoria* a dispense, man mano che i quinterni dell'edizione a stampa curata da Poliziano – pubblicata postuma nel 1485 – uscivano dai torchi.

L'altra novità dell'architettura albertiana è la dimensione urbana. Attraverso il trattato come attraverso la sua opera, pur non essendo né un utopista politico né configurando una città ideale, egli assicura un salto di scala – dalla dimensione dell'edificio alla città – all'avventura rinascimentale.

A Ferrara, pur incidendo poco con la sua opera diretta, configura con gli Este il rapporto che li determinerà in prospettiva a fondare l'esempio della città rinascimentale più avanzata e globale; a Firenze, in una repubblica oligarchica, determina con le opere per i Rucellai il definitivo primato di una famiglia su un quartiere (quello di Santa Maria Novella).

A Roma, la coscienza della sacralità della città è estesa all'intero perimetro della cerchia aureliana; a Urbino, benché in forma indiretta e assai mediata, ecco il «palazzo in forma di città», proiezione dell'asserto albertiano che vede la casa come una piccola città e la città come una grande casa.

A Mantova si leggono i segni della signoria dei Gonzaga nell'esplorazione delle più complesse tipologie templari. E, in prospettiva, nell'età laurenziana, ecco a Firenze – a partire dalla Rotonda dell'Annunziata – l'idea del nuovo quartiere mediceo, sogno antiquario di Lorenzo che non dimenticava certo le visite a cavallo alle antichità romane sotto la guida di un Alberti prossimo alla morte. Conscio, pessimisticamente, della fragilità delle volontà umane, e della loro breve durata rispetto ai tempi lunghi delle grandi fabbriche, Alberti nel momento stesso in cui propone un nuovo linguaggio non rinuncia alla sua proiezione nella dimensione urbana; con conseguenze talvolta verificabili e talvolta no che investono il concetto stesso di piazza, da quelle di Pienza e Vigevano alle "places royales" dell'assolutismo europeo.

Alla definizione dello spazio rinascimentale basato su prospettiva e proporzioni Alberti porta il contributo teorico più significativo, sistematico e aggressivo. Col trattato *De pictura* (1435-1436) assimila e sistematizza l'invenzione prospettica di Brunelleschi trasformando la sperimentazione quasi beffarda delle tavolette prospettiche di Filippo – cui non a caso dedica il trattato con la più dichiarata lode per la cupola, «struttura sì grande erta sopra i cieli ampia da coprire con la sua ombra tutti i popoli toscani» – e la convinzione di sé e della propria generazione nei confronti degli antichi: trasformando dunque quelle premesse sperimentali in una teoria sistematica. Lo spazio pittorico come quello scultoreo e architettonico è coerente e costante, isotropo e dominabile da un sistema di coordinate numeriche sia che si tratti di una figura umana (*De statua*, 1450 circa) che di una città (*Descriptio urbis Romae*, 1447 circa). Le rappresentazioni dello spazio e nello spazio sono possibili in base al sistema geometrico proiettivo della visione prospettica, che ha cioè un solo punto di vista centro della piramide visiva. Tutta la fenomenologia della rappresentazione è riconducibile al numero e il numero determina l'individuazione dei rapporti ottimali tra le grandezze: ottimali perché identificabili negli stessi rapporti che determinano

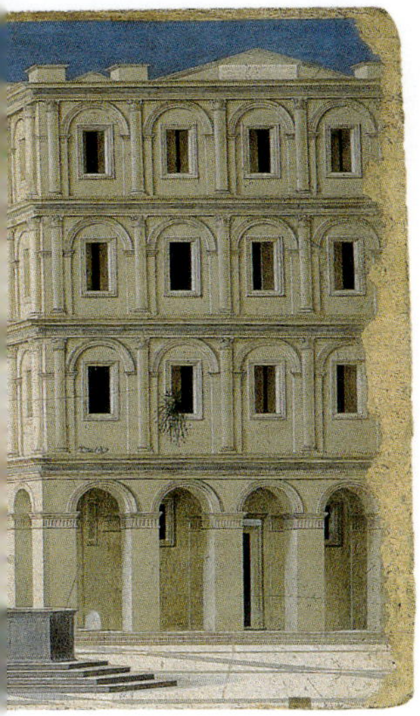

le armonie musicali. Le proporzioni e la loro teoria, prima d'assumere il carattere di un sistema d'assicurazione statica come nel mondo gotico, assumono quello di un sistema di assicurazioni contro il brutto, di coerenza interna dei prodotti dell'arte con quelli della natura. La teoria albertiana delle proporzioni, che poi è riducibile a una casistica semplice quali i rapporti 1:2 e quelli della serie "n+1/2 di n", ha una profonda valenza teorica e una vasta eco pratica. Teorica perché pone le basi di una concezione della bellezza architettonica che è definita dalla «concinnitas» (armonia) e che sostituisce la triade formulata da Vitruvio, «firmitas» «venustas» e «commoditas», con la nuova triade, «numerus» «finitio» e «collocatio». «Numero» come radice geometrica, «definizione» come certezza della forma, «collocazione» come convenienza, cioè concordanza tra diverse parti che rendono alla fine un'unità globale dell'organismo architettonico identica a quella di un animale, di un organismo vivente; espressione cioè dell'unità razionale del cosmo regolato dalle leggi universali dell'armonia.

Si attribuisce ad Alberti e ai maestri albertiani, cioè agli interpreti e imitatori anche in linea provinciale e riduttiva del suo linguaggio, l'espressione di un classicismo d'accentuata romanità rispetto alle formule del quattrocentismo del primo umanesimo, tipico di quelle di Brunelleschi, per esempio, più autonome rispetto ai modelli dell'antichità e semmai legate alla tradizione del romanico scambiato per romano e comunque alternative ai modelli dell'antichità romana. Ma ad Alberti non si riferiscono disegni, rilievi, scavi, come – sia pure attraverso una testimonianza quasi leggendaria – nel caso del viaggio romano di Donatello e Brunelleschi.

Leon Battista, che vive in Roma e che le dedica forse il più ambizioso ed enigmatico dei suoi programmi intellettuali, non lascia altra traccia, in concreto, che quella dell'individuazione topografica del perimetro delle mura aureliane espressa in coordinate polari, cioè in angoli e distanze, della *Descriptio urbis Romae*. Il suo approccio all'antichità – sia tipologico (cioè riguardante la funzionalità, la configurazione degli edifici), sia morfologico (cioè riguardante il linguaggio degli ordini architettonici) – è tutto risolto nella descrizione verbale e tutto consegnato alla parola. Di qui il confronto con Vitruvio, obbligato e talvolta irritato per le oscurità e per la corruzione del *De architectura* nelle copie medievali dei codici; di qui la sua ricognizione delle fonti che allarga la ricerca sull'antico al di là dell'unico testo tecnico pervenuto, per ricomprendere documenti storici e letterari nell'unità di una cultura che non ha bisogno di grafici per descrivere e documentare, per rendere visibili le cose; di cui quel suo porsi come nuovo Vitruvio nella convinzione che il ritorno all'antico non è pomposa citazione né passivo ricorso al principio di autorità ma costantemente un progetto moderno. Ma questo non può essere basato sulle incertezze della «opinione», cioè della soggettività creatrice, ma ha bisogno di avere il suo fondamento nella «certa ragione» che deve guidare l'architettura per la quale la maniera antica ha

Veduta di Ferrara (fine del XVI secolo).

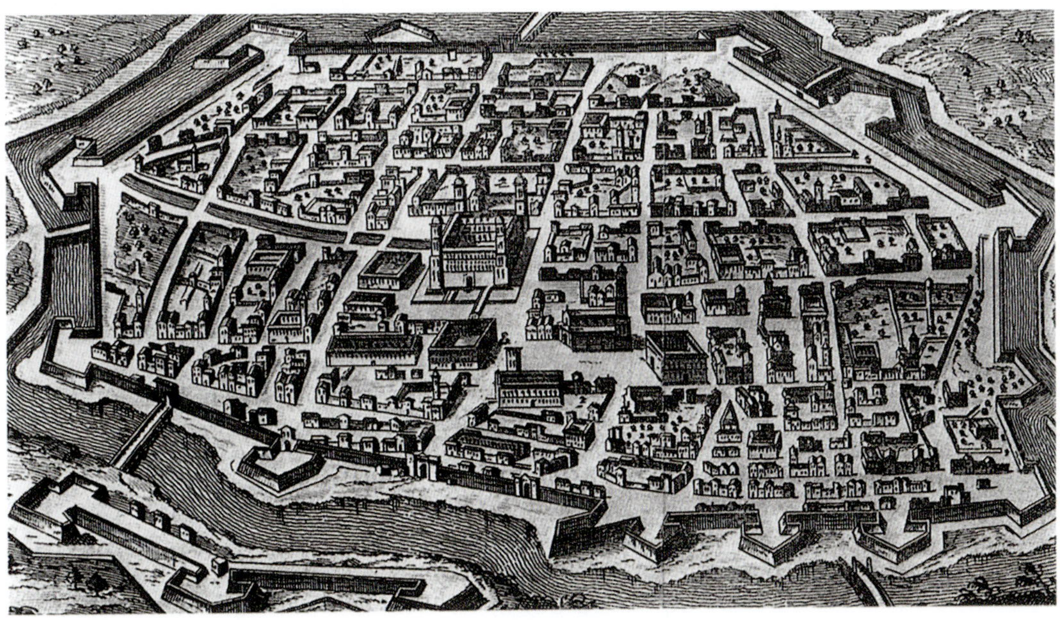

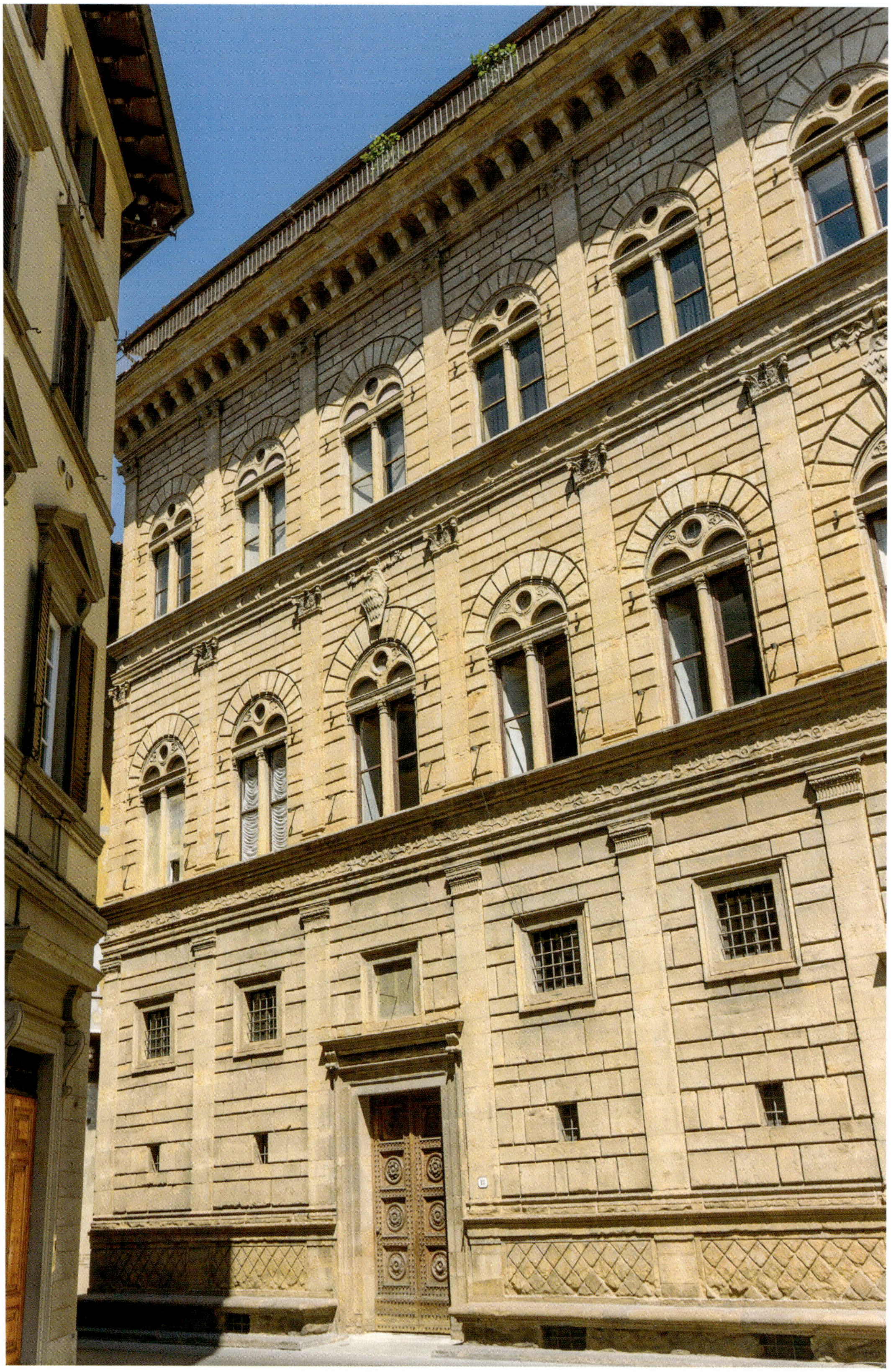

Palazzo Rucellai (1450 circa), particolare della facciata; Firenze.

Figlio del suo tempo – che assiste a un vero "revival" della classicità promosso dagli umanisti – Alberti, profondo conoscitore del De architettura *di Vitruvio, ripropone formule classiche con accentuato rigore rispetto all'interpretazione più "disinvolta" offerta dal primo umanesimo e da Brunelleschi. Tra le testimonianze della tendenza filologica di Alberti, è la facciata di palazzo Rucellai, con la griglia classicistica degli ordini sovrapposti e il ricordo dell'"opus reticulatum" nella spalliera del sedile esterno; così la fronte di Sant'Andrea, che risulta vicina al tipo dell'arco di trionfo romano a tre fornici.*

il valore d'una seconda natura. Ragione e opinione sono termini antitetici di fronte al vuoto di una scelta improponibile, di una mediazione impossibile.

Alberti si fa prudente, è propenso ad attenersi alle fonti, a conservare e non innovare, ma la revisione critica delle fonti stesse lo porterà poi di nuovo lontano, fuori dall'appiattimento della citazione. All'ambigua universalità della cultura prospettata da Vitruvio per l'architetto egli sostituisce la revisione critica, la lettura penetrante dell'umanista, il proponimento d'approfondire gli autori. E non solo i più noti: la sua cultura è imponente. Come poi questa visione dell'antico che in lui è sollecita davvero di classici equilibri (contro i capitelli di fantasia, per esempio, o contro l'impiego di colonne al di sotto degli archi) si traduca dalla pagina nei testi murari è difficile dire, se non del tutto inverificabile. Agevola la comprensione solo la «reductio ad unum», cioè proprio il distacco albertiano dalle forme, dalla rappresentazione, dal cantiere. Quel tenersi a princìpi essenziali, quel configurare per ogni opera un'idea guida, un'intenzione essenziale, un programma intellettuale di base. Le forme, poi, le trovassero pure gli altri, modellando secondo le loro capacità e le circostanze esecutive il volto occasionale di quell'idea, quasi del suo fisico travestimento, del suo essere nel mondo, dei condizionamenti della realtà e del suo tempo.

All'Alberti, architetto in fondo quasi senza architetture, bastavano i princìpi lasciando da parte le opinioni, o meglio concedendole agli altri. Purché i princìpi di ragione rimanessero intatti: «Quel che tu muti discorda tutta quella musica».

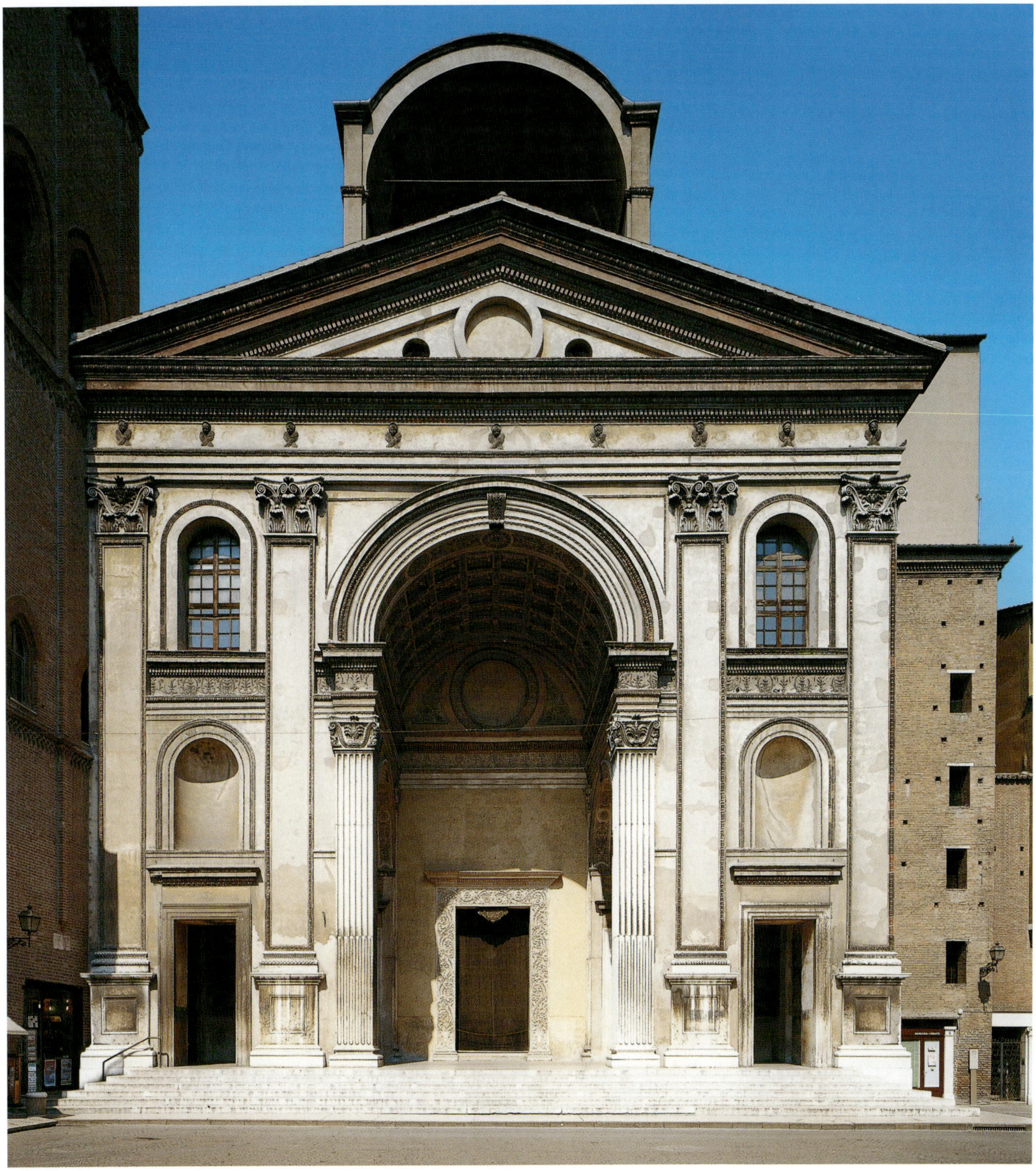

Sant'Andrea (progetto del 1470 circa), facciata; Mantova.

UN MANIFESTO PER L'UMANESIMO: IL "DE PICTURA"

Il De pictura è un trattato in tre libri composto nel 1435-1436 in latino e in volgare: quest'ultima versione risulta, più della precedente, diretta in modo esplicito ai pittori. Si tratta della più organica sistemazione teorica della prospettiva e della figurazione dell'età dell'umanesimo, un testo fondamentale per le successive elaborazioni rinascimentali. La versione in volgare è preceduta da una lettera di dedica indirizzata, significativamente, a Filippo Brunelleschi.

A Filippo, interprete del nuovo

Io solea maravigliarmi insieme e dolermi che tante ottime e divine arti e scienze, quali per loro opere e per le istorie veggiamo copiose erano in que' vertuosissimi passati antiqui, ora così siano mancate e quasi in tutto perdute: pittori, scultori, architetti, musici, ieometri, retorici, auguri e simili nobilissimi e maravigliosi intelletti oggi si truovano rarissimi e poco da lodarli. Onde stimai fusse, quanto da molti questo così essere udiva, che già la natura, maestra delle cose, fatta antica e stracca, più non producea come né giuganti così né ingegni, quali in que' suoi quasi giovinili e più gloriosi tempi produsse, amplissimi e maravigliosi. Ma poi che io dal lungo essilio in quale siamo noi Alberti invecchiati, qui fui in questa nostra sopra l'altre ornatissima patria ridutto, compresi in molti ma prima in te, Filippo, e in quel nostro amicissimo Donato scultore e in quegli altri Nencio e Luca [Donatello, Lorenzo Ghiberti, Luca della Robbia] e Masaccio, essere a ogni lodata cosa ingegno da non posporli a qual si sia stato antiquo e famoso in queste arti. Pertanto m'avidi in nostra industria e diligenza non meno che in beneficio della natura e de' tempi stare il potere acquistarsi ogni laude di qual si sia virtù. Confessoti sì a quegli antiqui, avendo quale aveano copia da chi imparare e imitarli, meno era difficile salire in cognizione di quelle supreme arti quali oggi a noi sono faticosissime; ma quinci tanto più el nostro nome più debba essere maggiore, se noi sanza precettori, sanza essemplo alcuno, troviamo arti e scienze non udite e mai vedute. Chi mai sì duro o sì invido non lodasse Pippo architetto vedendo qui struttura sì grande, erta sopra e' cieli, ampia da coprire con sua ombra tutti e' popoli toscani, fatta sanza alcuno aiuto di travamenti o di copia di legname, quale artificio certo, se io ben iudico, come a questi tempi era incredibile potersi, così forse appresso gli antichi fu non saputo né conosciuto?

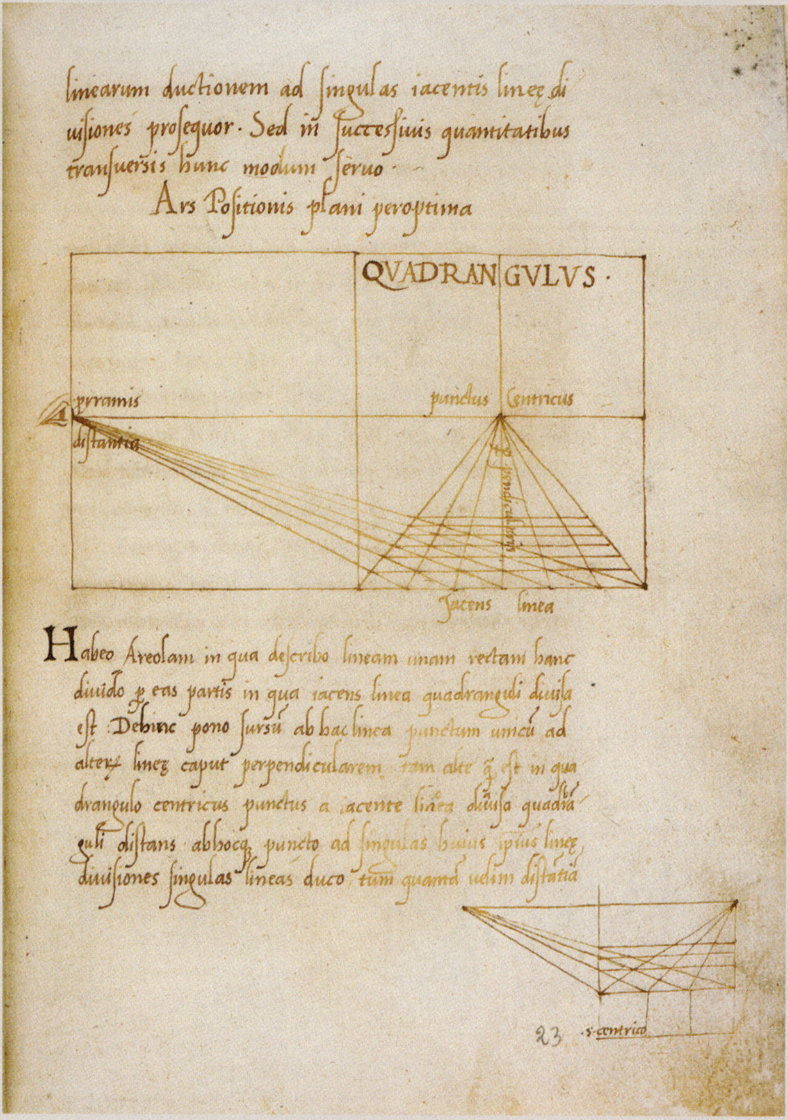

Schema della costruzione legittima in manoscritto del De pictura (1518); Lucca, Biblioteca statale, ms. 1448.

Prospettiva: la costruzione legittima

Trovai adunque io questo modo ottimo così in tutte le cose seguendo quanto dissi, ponendo il punto centrico, traendo indi linee alle divisioni della giacente linea del quadrangolo. Ma nelle quantità trasverse, come l'una seguiti l'altra così conosco. Prendo uno picciolo spazio nel quale scrivo una diritta linea, e questa divido in simile parte in quale divisi la linea che giace nel quadrangolo. Poi pongo di sopra uno punto alto da questa linea quanto nel quadrangolo posi el punto centrico alto dalla linea che giace nel quadrangolo, e da questo punto tiro linee a ciascuna divisione segnata in quella prima linea. Poi constituisco quanto io voglia distanza dall'occhio alla pittura, e ivi segno, quanto dicono i matematici, una perpendicolare linea tagliando qualunque truovi linea. Dicesi linea perpendiculare quella linea dritta, quale tagliando un'altra linea diritta fa appresso di sé di qua e di qua angoli retti. Questa così perpendiculare linea dove dall'altra sarà tagliata, così mi darà la successione di tutte le trasverse quantità. E a questo modo mi truovo descritto tutti e' paraleli, cioè le braccia quadrate del pavimento nella dipintura, quali quanto sieno dirittamente descritti a me ne sarà indizio se una medesima ritta linea continoverà diamitro di più quadrangoli descritti alla pittura. Dicono i matematici diamitro

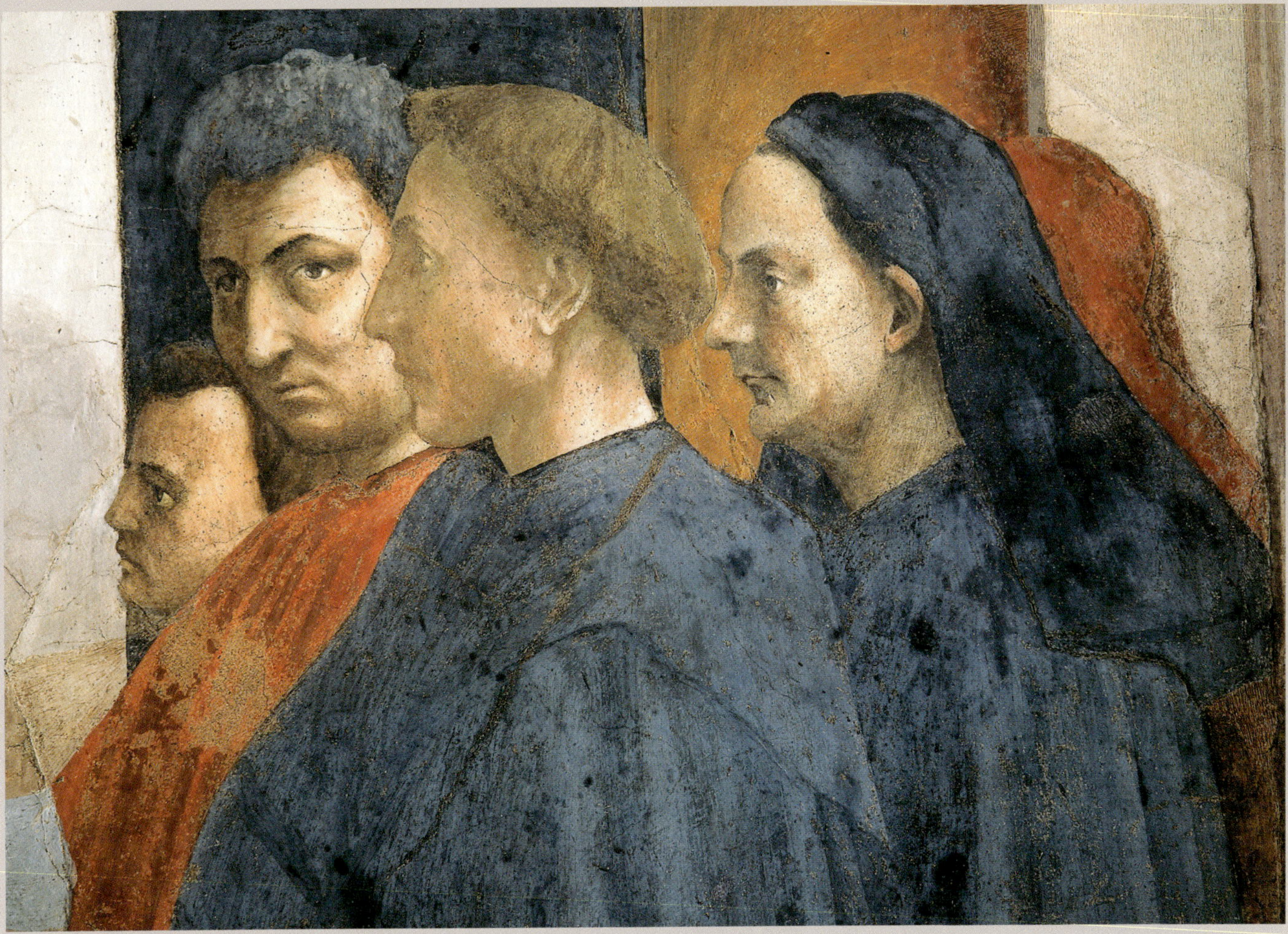

d'uno quadrangolo quella retta linea da uno angolo ad un altro angolo, quale divida in due parti il quadrangolo per modo che d'uno quadrangolo solo sia due triangoli. Fatto questo, io descrivo nel quadrangolo della pittura attraverso una dritta linea dalle inferiori equedistante, quale dall'uno lato all'altro passando *super* 'l centrico punto divida il quadrangolo. Questa linea a me tiene uno termine quale niuna veduta quantità, non più alta che l'occhio che vede, può sopragiudicare. E questa, perché passa per 'l punto centrico, dicasi linea centrica. Di qui interviene che gli uomini dipinti posti nell'ultimo braccio quadro della dipintura sono minori che gli altri. Qual cosa così essere, la natura medesima a noi dimostra. Veggiamo ne' tempi i capi degli uomini quasi tutti ad una quantità, ma i piedi de' più lontani quasi corrispondere ad i ginocchi de' più presso.

Consigli ai pittori

Ma in quale ti esserciti, sempre abbi inanzi qualche elegante e singulare essempio, quale tu rimirando ritria; e in ritrarlo, giudico bisogni avere una diligenza congiunta con prestezza, che mai ponga lo stile o suo pennello se prima non bene con la mente arà constituito quello che egli abbi a fare, e in che modo abbia a condurlo; che certo più sarà sicuro emendare gli errori colla mente che raderli dalla pittura. [...]

Ma poi che la istoria è summa opera del pittore, in quale dee essere ogni copia ed eleganza di tutte le cose, conviensi curare sappiamo dipignere non solo uno uomo, ma ancora cavalli, cani e tutti altri animali, e tutte altre cose degne d'essere vedute. Questo così conviensi per bene fare copiosa la nostra istoria; cosa qual ti confesso grandissima, e a chi si fusse dagli antiqui non molto concessa, che uno in ogni cosa, non dico eccellente fusse, ma mediocre dotto. Pure affermo dobbiamo sforzarci che per nostra negligenza quelle cose non manchino quale acquistate rendono lode, e neglette lassano biasimo. Nitias, ateniese pittore, diligente dipinse femmine. Eraclides fu lodato in dipignere navi. Serapion non potea dipignere uomini; altra qual vuoi cosa molto dipignea bene. Dionisio nulla potea dipignere altri che uomini. Alessandro, quello il quale dipinse il portico di Pompeo, sopra gli altri bene dipignea animali, massime cani. Aurelio che sempre amava, solo dipignendo dee ritraeva i loro visi quali esso amava. Fidias in dimostrare la maestà degli iddii più dava opera che in seguire la bellezza degli uomini. Eufranore si dilettava espriemere la degnità de' signori, e in questo avanzò tutti gli altri. Così a ciascuno fu non equali facultà; e diede la natura a ciascuno ingegno sue proprie dote, delle quali non però in tanto dobbiamo essere contenti che per negligenza lassiamo di tentare quanto ancora più oltre con nostro studio possiamo. E conviensi cultivare i beni della natura con studio ed essercizio, e così di dì in dì farle maggiori; e conviensi per nostra negligenza nulla pretermettere quale a noi possa retribuere lode.

Masaccio,* San Pietro in cattedra *(1424-1427 circa), particolare; Firenze, Santa Maria del Carmine, cappella Brancacci.

Da sinistra, i ritratti di Masolino, Masaccio, Alberti e Brunelleschi.

I brani pubblicati sono tratti da L. B. Alberti, *De pictura*, ed. a cura di C. Grayson, Bari (1973) 1980, 3 voll., rispettivamente: I, pp. 7-8; I, p. 20; III, pp. 59-60.

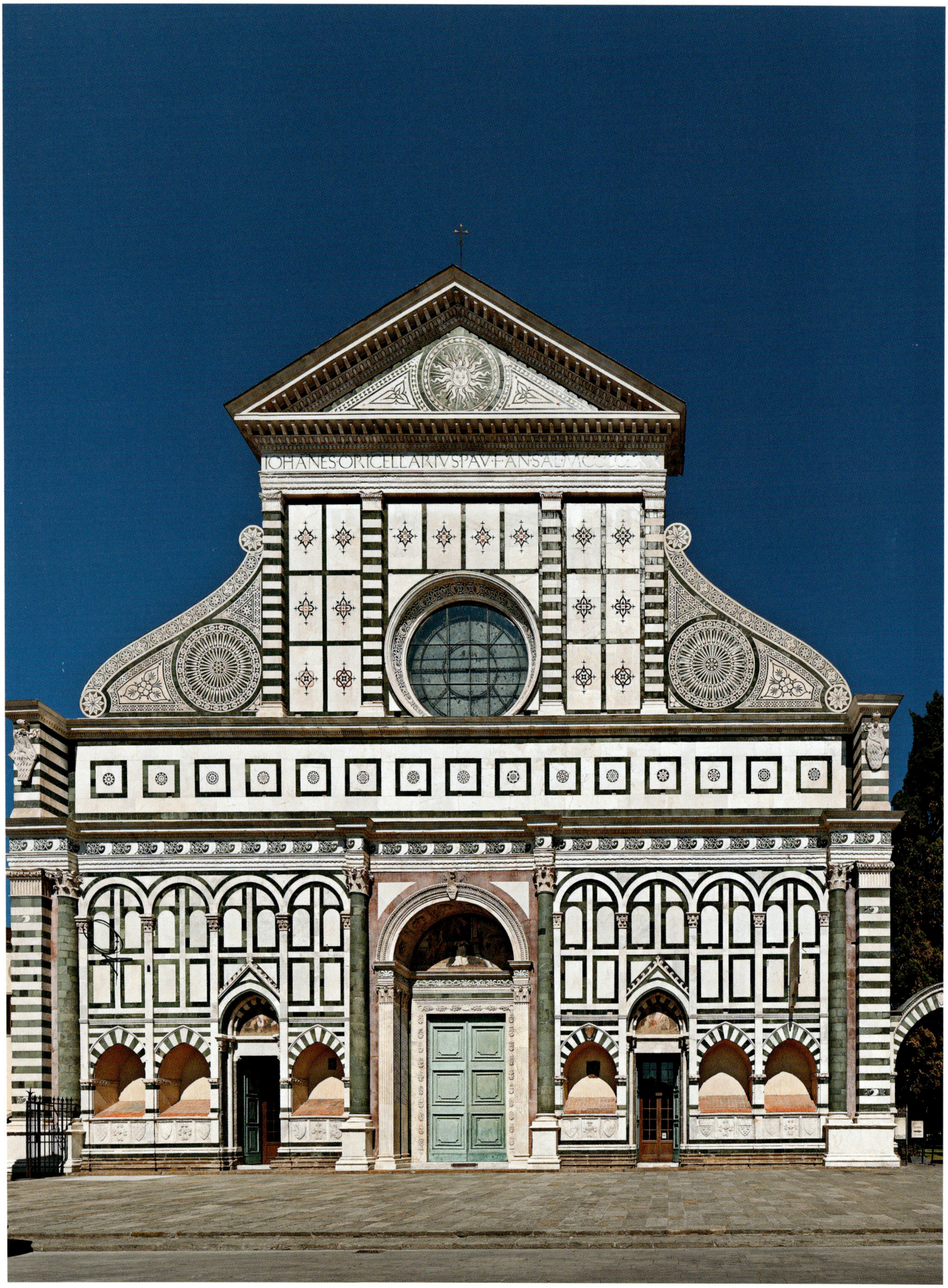
IOHANES ORICELLARIVS PAV F AN SAL MCCCCLXX

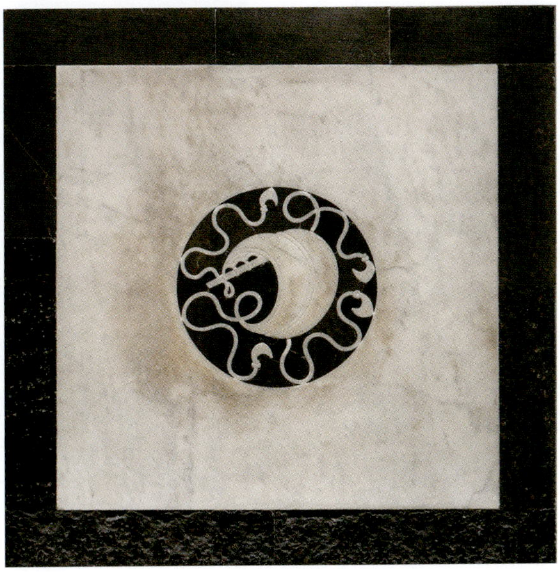

Tempietto del Santo sepolcro (1467), particolare dell'intarsio marmoreo con la vela al vento, divisa dei Rucellai; Firenze, cappella Rucellai.

Per capire Alberti bisogna tener conto di due fatti fondamentali: il primo è che è nato esule; il secondo la sua formazione padana.

Nella pagina a fianco: Santa Maria Novella, facciata (commissionata tra il 1439 e il 1442); Firenze.

Dalla nascita a Genova, nel 1404, deriva una profonda nostalgia delle origini fiorentine della famiglia e del suo antico potere e prosperità: «Era fra loro il nome Alberto pari a una loro repubblica», scrive lui stesso. Ed ecco la nostalgia del paradiso degli Alberti, la villa descritta da Giovanni Gherardi da Prato nell'opera omonima (1430 circa); ecco il dialogo *Della famiglia* (1434-1439) che collega lo spirito del "capitalismo" – la «masserizia» – al senso del tempo da valorizzare costantemente secondo le proprie attitudini, e a quello delle nuove virtù che dà un significato etico all'attività economica, all'orgoglio familiare, all'azione umana. Un patrimonio che né l'avversa fortuna, né l'inimicizia, né altro umano agire possono alienare o distruggere.

Dall'altro evento – l'educazione padovana alla scuola di Gasparino Barsizza, gli studi di diritto a Bologna – Leon Battista trasse la vastità degli interessi, la robusta preparazione nelle lingue classiche e le relazioni più significative della sua vita, sempre economicamente piuttosto modesta, conclusasi con la carica di abbreviatore apostolico. Così Alberti non ha una radice se non "mitologica" nell'antica Firenze, non ha un luogo solo dove si svolge la sua vita itinerante che via via lo conduce nelle diverse sedi del concilio – trasferitosi nel 1437 da Basilea a Ferrara (e poi a Firenze, Roma, Mantova) – e nelle varie corti con cui egli, in modo più o meno implicito e indiretto, viene a contatto per questioni di ufficio e con cui si apre il dialogo intellettuale. E proprio per questi motivi e queste circostanze l'opera di Alberti assume questo valore testimoniale, questo aspetto di messaggio itinerante, sradicato e universale a un tempo, un'opera scandita dai tempi della storia e dalle specificità dei centri del Rinascimento di cui contribuisce in modo determinante a costruire l'immagine e l'identità.

Pisanello,
Ritratto
di Leonello d'Este
(1441);
Bergamo,
Accademia Carrara.

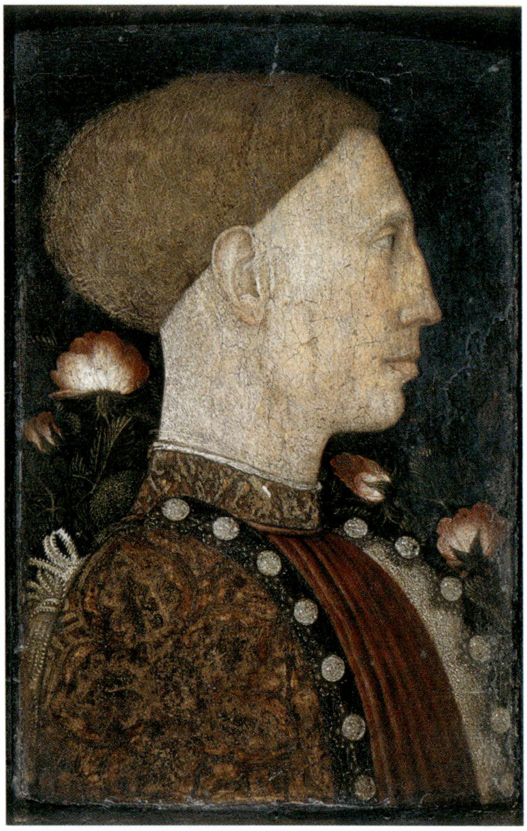

Del rapporto di committenza che legò Leonello d'Este, signore di Ferrara, all'Alberti resta un'unica testimonianza certa: il basamento del campanile della cattedrale, primo blocco di una costruzione che dal 1412, anno in cui vennero gettate le fondazioni, doveva protrarsi fino al 1596. Ad Alberti è poi attribuito il cosiddetto Arco del cavallo che fa da base alla statua equestre (fedele rifacimento novecentesco dell'originale del Quattrocento) di Niccolò III d'Este, padre di Leonello, per la quale fu indetto un concorso che vide Leon Battista nei panni del giudice. Scarse dunque le tracce concrete del soggiorno di Alberti in città. Ma la sua importanza per la Ferrara estense va oltre queste poche testimonianze e influenza le scelte culturali della corte. Così, per esempio, emerge la lezione di Alberti dal nuovo volto che la città assume a partire dalla celebre Addizione erculea del 1492, realizzata da Biagio Rossetti vent'anni dopo la morte dell'architetto.

Ferrara

«Tu ora accetta volentieri le cose mie come da persona quale le tue virtù molto e molto dilettano, e aspetta di dì in dì quanto mi richiedesti ricevere da me simili argomenti e segni dell'amore quale io a te porto». «Ubbidirotti. Comunicherò a te e con le cose mie per l'avvenire con più larghezza».

Così si conclude la dedica di Leon Battista a Leonello d'Este nel *Theogenius* (1441), un'opera ricca di motivi autobiografici, scritta quasi per autoconsolazione e dedicata al principe estense a conforto della morte del padre Niccolò; densa di tensione morale in un clima d'angoscia anticipatore di temi leopardiani, come per esempio l'efficace paragone tra la rettitudine dell'uomo e quella della colonna: «Ma intervienci come alla colonna; mentre che la tiene in sé in stato ritta e in se stessi o firmata ella non solo si sostenta ma è ancora sopra ivi regge ogni grave peso; e questa medesima colonna diclinando daquella rettitudine pel suo e in se stesso insito carco e innata gravezza mina. Così l'animo nostro»[1].

L'opera in volgare e l'influenza del colto e raffinato principe ferrarese, effigiato da Pisanello e Jacopo Bellini in fattezze gentili, conforta Alberti in due disegni che sono il suo maggior merito storico: la diffusione e l'accreditamento della lingua volgare e la stesura del trattato di architettura, questo invece in latino come si conviene al confronto coll'antico testo di Vitruvio. Il che equivale a collocare al centro dell'interesse albertiano il linguaggio, quello parlato e quello denso di riferimenti antiquari e di prospettive simboliche dell'architettura.

Ma il dialogo con Leonello trova altri due momenti: la dedica – posteriore di una decina d'anni alla stesura dell'opera – della commedia *Philodoxeos* (1424), che propone il tema della scena di corte e della commedia all'antica, e il *De equo animante* (1441), un opuscolo sul cavallo e una riflessione sistematica sulle sue forme e proporzioni; un testo da porsi in relazione con la permanenza di Alberti a Ferrara per giudicare della statua equestre

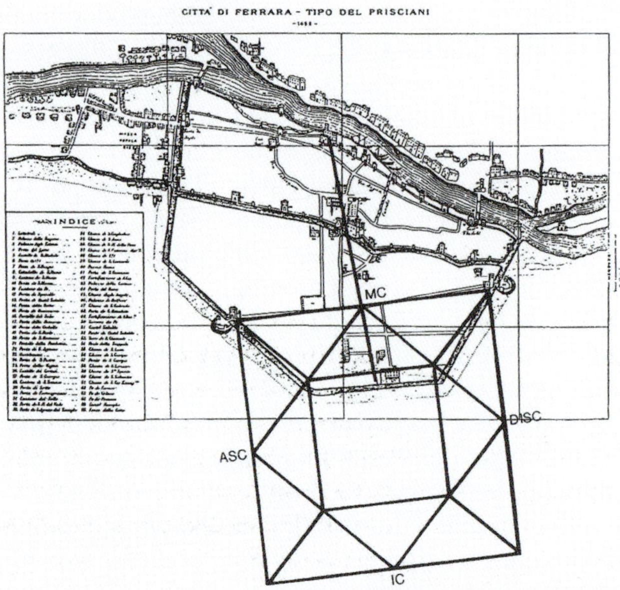

A sinistra:
Pellegrino Prisciani,
pianta di Ferrara
(1498);
Modena,
Biblioteca estense.

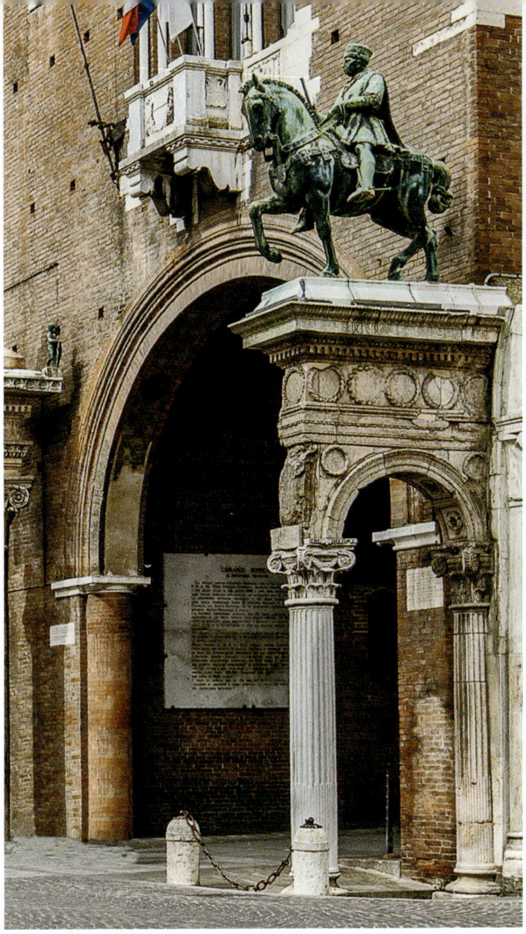

A destra: Arco del cavallo (1441 circa); Ferrara.

del padre di Leonello, Niccolò III d'Este, cui fu data una base – detta l'Arco del cavallo – dalle forme di un classicismo antiquario attribuito all'esordio architettonico di Alberti; un testo che propone il superamento dell'idea di cavallo pesante, quasi carro armato della milizia medievale, per accreditare il cavallo agile, snello, veloce di tipo veneto-arabo e assegna alla cavalleria un ruolo che sarà tipico della sua storia militare fino alla sua scomparsa; un opuscolo denso di suggestioni estetiche: se ne troverà eco nella pittura ferrarese, a palazzo Schifanoia, verso il 1470, a caratterizzare una corte gentile, raffinata, acculturata, quella stessa che vent'anni dopo la morte di Alberti affrontava l'Addizione erculea, cioè la più significativa tra le realizzazioni urbane rinascimentali, nella quale Biagio Rossetti traduce, con elegante disinvoltura e con una sua poetica, la lezione albertiana. Di Leon Battista resta ancora a Ferrara – unica testimonianza di robusta impostazione classicistica – la base del campanile della cattedrale la cui costruzione, da Niccolò III in poi, occuperà praticamente tutto il secolo (e per il quarto ordine anche il successivo): si imposta qui un problema tipico delle torri campanarie rinascimentali, quello della sovrapposizione di sistemi "ad quadratimi", ovvero di spezzare la verticalità incompatibile con proporzioni privilegiate dal classicismo e teorizzate da Alberti. Né si esaurisce qui il dialogo culturale con la corte ferrarese, perché Alberti dedica i *Ludi mathematici* (o *Ludi rerum mathematicarum*, ante 1450) al fratello di Leonello d'Este, Meladuso – abate di Pomposa, incontrato al concilio dall'Alberti e suo amico –, forse proprio per compensare una tiepida vocazione religiosa (è il padre che lo ha destinato alla carriera ecclesiastica) e un sostanziale disinteresse per la sua ricca abbazia. In quel testo Alberti propone una serie di semplici esercizi a carattere geometrico e topografico, una sorta di manualetto dell'ingegnere redatto stancamente nell'ambiguità d'un'evasione culturale, un'anticipazione da "école polytechnique" e il recupero della tradizione medievale delle bonifiche: insomma una sorta di faticosa e disvalente divulgazione d'una dottrina scientifica a sfondo pratico. Pur nei suoi limiti, l'opera assume nel quadro generale di quella albertiana il significato di un'universalità del sapere che comprende l'area scientifica e la saldatura tra teoria ed esperienza, tra dottrina e pratica. E per la corte padana ripropone il tema del governo del territorio, impensabile senza gli strumenti mensurali astronomici e idraulici, che fa pendant col tema della città.

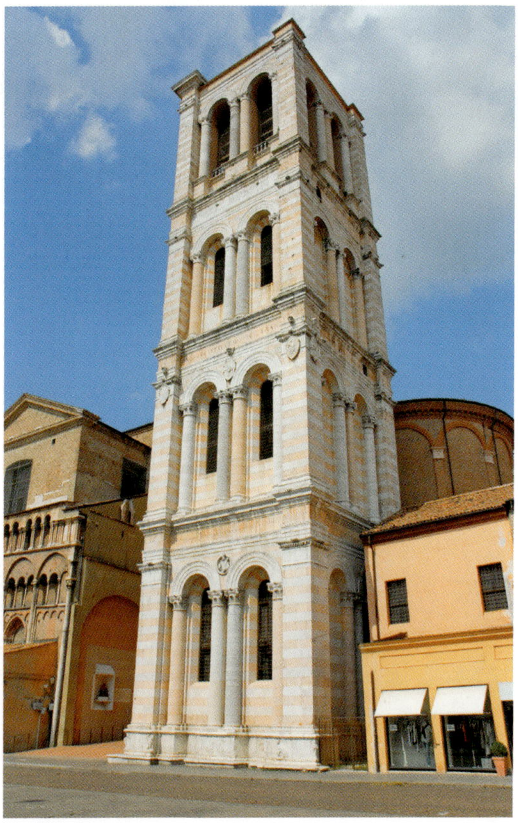

A destra: campanile della cattedrale di Ferrara (1451).

A destra:
Francesco Salviati,
Ritratto celebrativo di Giovanni di Paolo Rucellai
(1540 circa);
Firenze,
collezione Rucellai.

Qui sotto:
loggia Rucellai,
Firenze

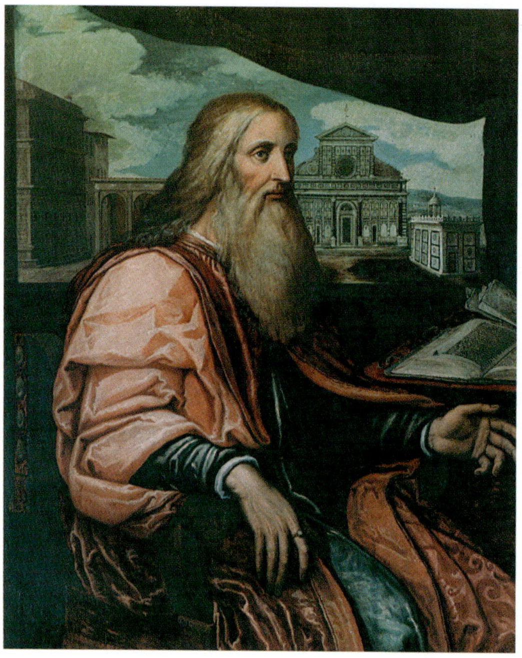

Firenze

Nel Quattrocento Firenze non è la città del principe ma una repubblica oligarchica, e anche il governo dei primi Medici è l'esercizio d'un potere occulto, indiretto, rispettoso delle forme costituzionali della repubblica. Firenze è, all'epoca, una città sostanzialmente suddivisa in quartieri, ciascuno con una chiesa dominante, una direttrice extraurbana e una famiglia egemone: i Medici a San Lorenzo con la direttrice verso le porte Pinti e San Gallo, con la villa a Fiesole e la protezione esercitata sulla Badia fiesolana; i Frescobaldi a Santo Spirito con la proiezione delle proprietà nella valle dell'Arno; i Guicciardini sulla direttrice della Cassia, con la villa al Pian de' Giullari e la chiesa di Santa Felicita; i Rucellai a Santa Maria Novella con la proiezione delle ville sulla via Pistoiese a Quaracchi (perduta), col famoso giardino, e a Poggio a Caiano, poi prudentemente ceduta a Lorenzo il Magnifico.

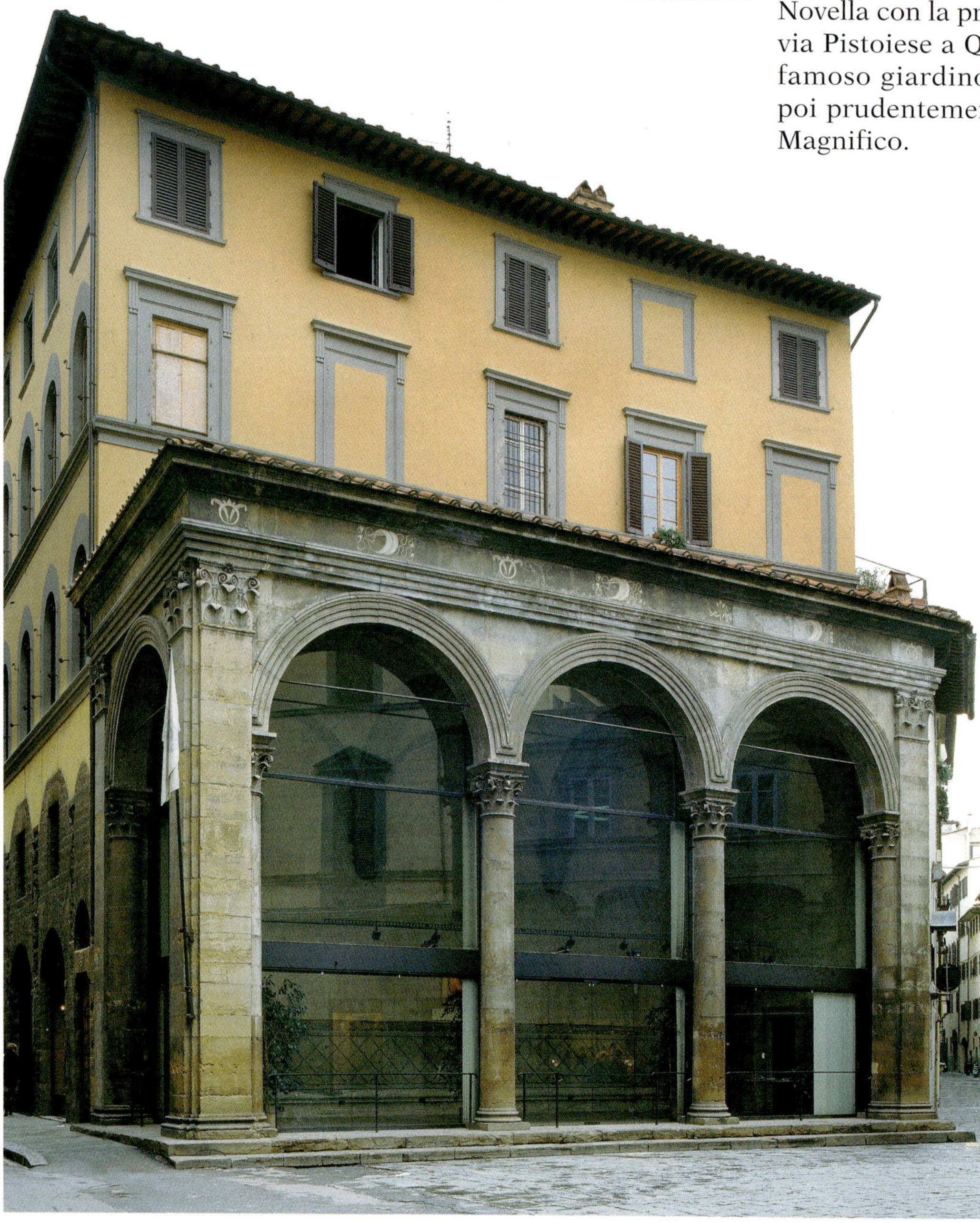

Nella pagina a fianco:
Palazzo Rucellai
(1450 circa),
particolare della facciata;
Firenze.

La quasi totalità dei progetti fiorentini dell'Alberti è realizzata per i Rucellai, una delle famiglie più potenti nella Firenze oligarchica del primo Quattrocento. Palazzo Rucellai, che seguiva di pochi anni quello dei Medici in via Larga iniziato da Michelozzo a partire dal 1444, accoglieva solo alcuni elementi di quella tipologia e presentava la novità di un linguaggio che procede da un'impostazione decisamente "antiquaria".

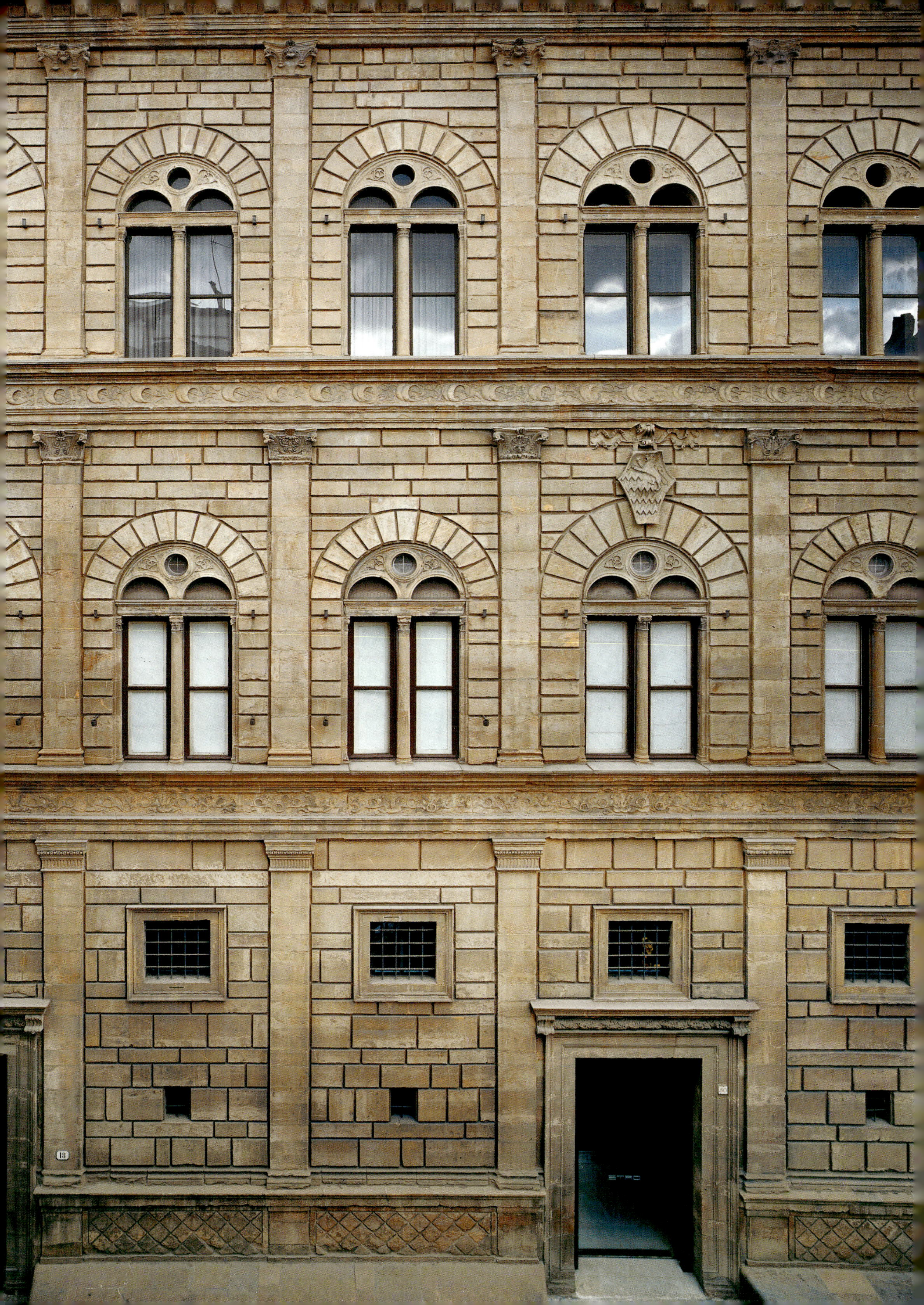

Facciata di Santa Maria Novella, (commissionata tra il 1439 e il 1442), particolare; Firenze

La facciata di Santa Maria Novella, chiesa del quartiere omonimo su cui dominavano i Rucellai (come indica la divisa delle vele nel fregio dell'architrave), fu al centro di lunghe vicende burocratiche che ritardarono sensibilmente l'inizio dei lavori. Il problema principale che Alberti si trovò di fronte fu quello delle preesistenze gotiche della chiesa, sulle quali pesavano anche vincoli giuridici. Se è problematico stabilire la consistenza dell'intervento di Alberti sulla parte inferiore della facciata – nella quale è sicuramente suo il portale centrale – il complesso risulta

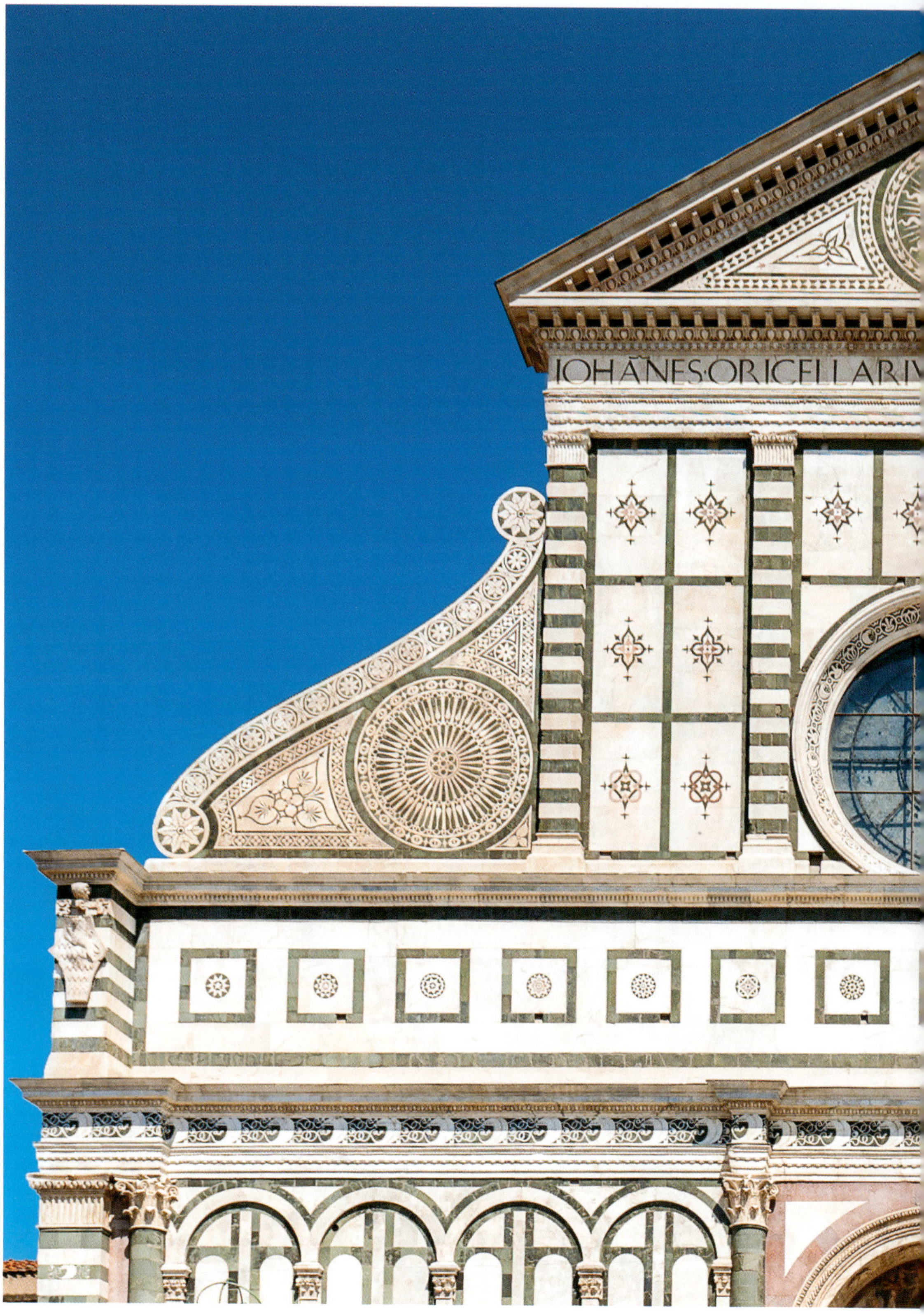

A ciascuna famiglia un palazzo, una loggia, una chiesa, una cappella funeraria, un quartiere, una villa. Giovanni Rucellai, gran mercante legato per matrimonio sia ai Medici che ai loro rivali Strozzi, sembra corrispondere all'ideale figura di committente ipotizzata da Alberti: in lui sono riuniti l'alto senso della famiglia, la prudenza nella conduzione politica, il non cedere a soverchie ambizioni di potere, la masserizia, il giusto equilibrio tra liberalità e avarizia, la riflessione su fato e fortuna, il gusto del saper spendere, il compiacimento delle opere d'arte possedute e delle muraglie, affidate tutte al consiglio di Alberti anche se Leon Battista non è citato esplicitamente nei suoi ricordi.

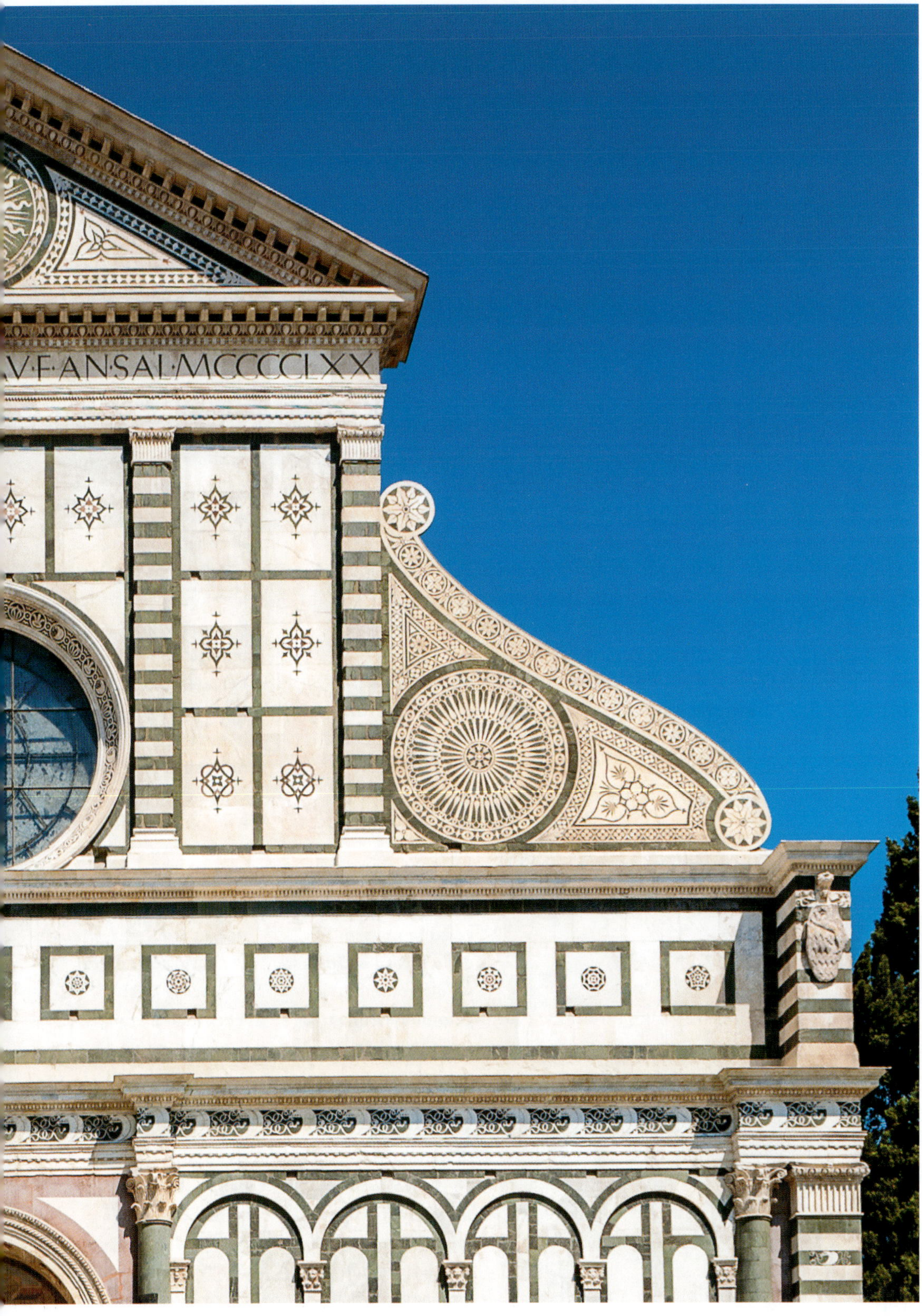

frutto di una volontà di riproporzionamento che ottiene di smorzare l'antica verticalità grazie a una serie di geniali invenzioni: decisivo l'alto attico che separa la parte inferiore da quella superiore, dando vita a una facciata la cui cifra dominante è il quadrato. I geometrici intarsi marmorei, forse riconducibili a un complesso programma iconologico, sebbene svolti nel linguaggio della tradizione locale, sono opera di Giovanni di Bertino del quale – come sempre accade per gli esecutori materiali dei progetti di Leon Battista – è difficile stabilire il grado di autonomia rispetto alle indicazioni dell'Alberti. La data nel fregio sotto il timpano attesta il completamento dei lavori nel 1470.

Alberti – che era entrato in contatto con Giovanni Rucellai forse a causa del suo ufficio curiale, avviandosi pratiche annose sulle concessioni papali per la facciata di Santa Maria Novella e per la cappella di famiglia in San Pancrazio – delinea, in modo coerente dal punto di vista formale e sistematico, con una chiarezza che non ha eguali nelle altre famiglie cittadine – si vedano gli emblematici contrasti di Brunelleschi con Cosimo de' Medici e con Stoldo Frescobaldi – il programma dei "segni" Rucellai sul quartiere di Santa Maria Novella.

Palazzo Rucellai, che poi è piuttosto una sorta di ristrutturazione con facciata unitaria di più particelle edilizie acquistate faticosamente e aperta a ulteriori espansioni, coniuga i tradizionali temi del bugnato fiorentino con la novità "antica" del tessuto degli ordini sovrapposti in una raffinata versione estetica che avrà influenze profonde su tutto il Rinascimento e numerose imitazioni. La facciata di Santa Maria Novella coniuga con attenta *concinnitas* le preesistenze e la bicromia della tradizione romanico-gotica col nuovo linguaggio, affrontando le difficili mediazioni e le impervie compatibilità tra le proporzioni classicistiche e l'impostazione verticaleggiante di matrice gotica della proporzione generale dell'edificio. San Pancrazio propone il ricorso alla cultura orientaleggiante, al tema chiave del Santo sepolcro di Gerusalemme, anche qui in singolare sintesi tra classicismo e bicromia tradizionale: un'architettura simbolo, oggetto di percezione prospettica e di aperto omaggio alla personalità del committente e alle sue fortune (derivanti anche dai commerci in Oriente), posta all'interno d'una architettura "scatola". E ancora, la loggia a integrazione del palazzo della casata (per «onore della nostra famiglia per adoperarla per le letizie e per le tristizie», come scrive Giovanni Rucellai) che segna l'appropriazione dello spazio pubblico per uso privato ma anche il coinvolgimento popolare agli eventi di famiglia. Infine il giardino di quello stesso palazzo, minuziosamente ricordato nello *Zibaldone quaresimale* del Rucellai, le cui fondamentali caratteristiche sono riecheggiate nel trattato architettonico albertiano, tanto da far pensare all'ipotesi di un consiglio di Leon Battista per l'architettura di quello spazio. E in effetti Giovanni Rucellai, in una sorta di affinità elettiva, legge l'architettura in chiave albertiana. E di Brunelleschi dà una definizione molto albertiana: «risuscitatore delle muraglie antiche alla romanesca».

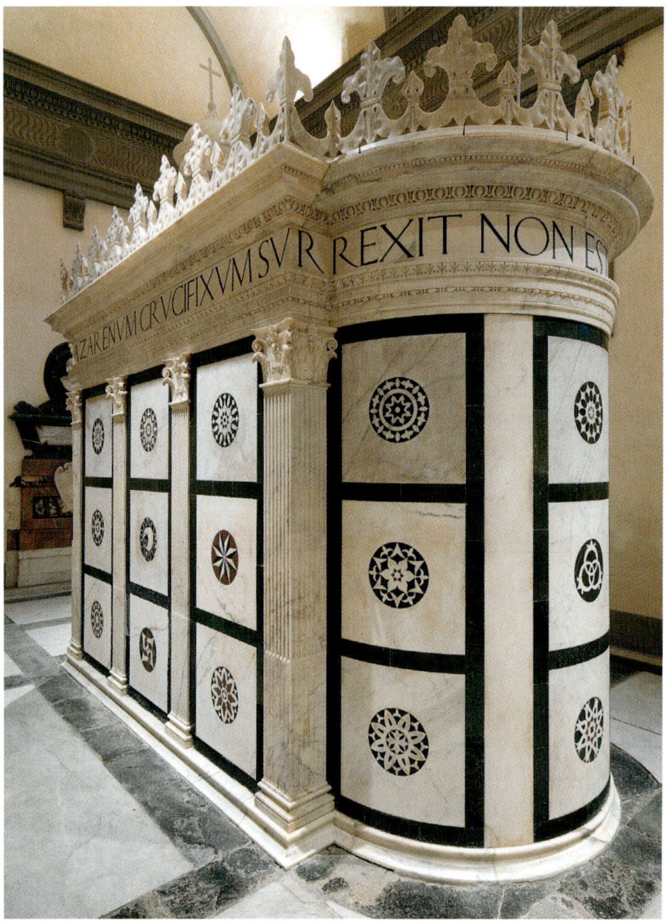

Qui sotto e nella pagina a fianco: Tempietto del Santo sepolcro (1467), particolare dell'abside e del fianco sinistro e particolare del fronte; Firenze, cappella Rucellai.

Nella chiesa di San Pancrazio Alberti progetta per i Rucellai un complesso sepolcrale in cui il contenente (la cappella, un tempo aperta verso la navata della chiesa attraverso un diaframma colonnare trabeato, spostato ai primi dell'Ottocento sulla facciata) e il contenuto (il Tempietto del Santo sepolcro) sono legati da precisi rapporti così da risultare due momenti di un solo organismo architettonico. Il tempietto, a pianta rettangolare con piccola abside, si ispira, nelle dimensioni, al Santo sepolcro di Gerusalemme coniugando riferimenti orientaleggianti – forse anche in onore dei fortunati rapporti commerciali del committente col Levante – al consueto gusto di Alberti per la memoria classicistica. A quest'ultimo ambito appartiene, per esempio, l'iscrizione del fregio, in lettere lapidarie romane, il cui ruolo ornamentale è di fondamentale importanza: **«YHESUM QUERITIS NAZARENUM CRUCIFIXUM. SURREXIT NON EST HIC. ECCE LOCUS UBI POSUERUNT EUM» («Cercate Gesù Nazareno il crocifisso. E risorto, non è qui. Ecco il luogo dove lo deposero») (Marco 16,6-7). La chiesa di San Pancrazio, sconsacrata nel 1808, è oggi sede del Museo Marino Marini, mentre la cappella Rucellai ha un ingresso indipendente sulla strada laterale.**

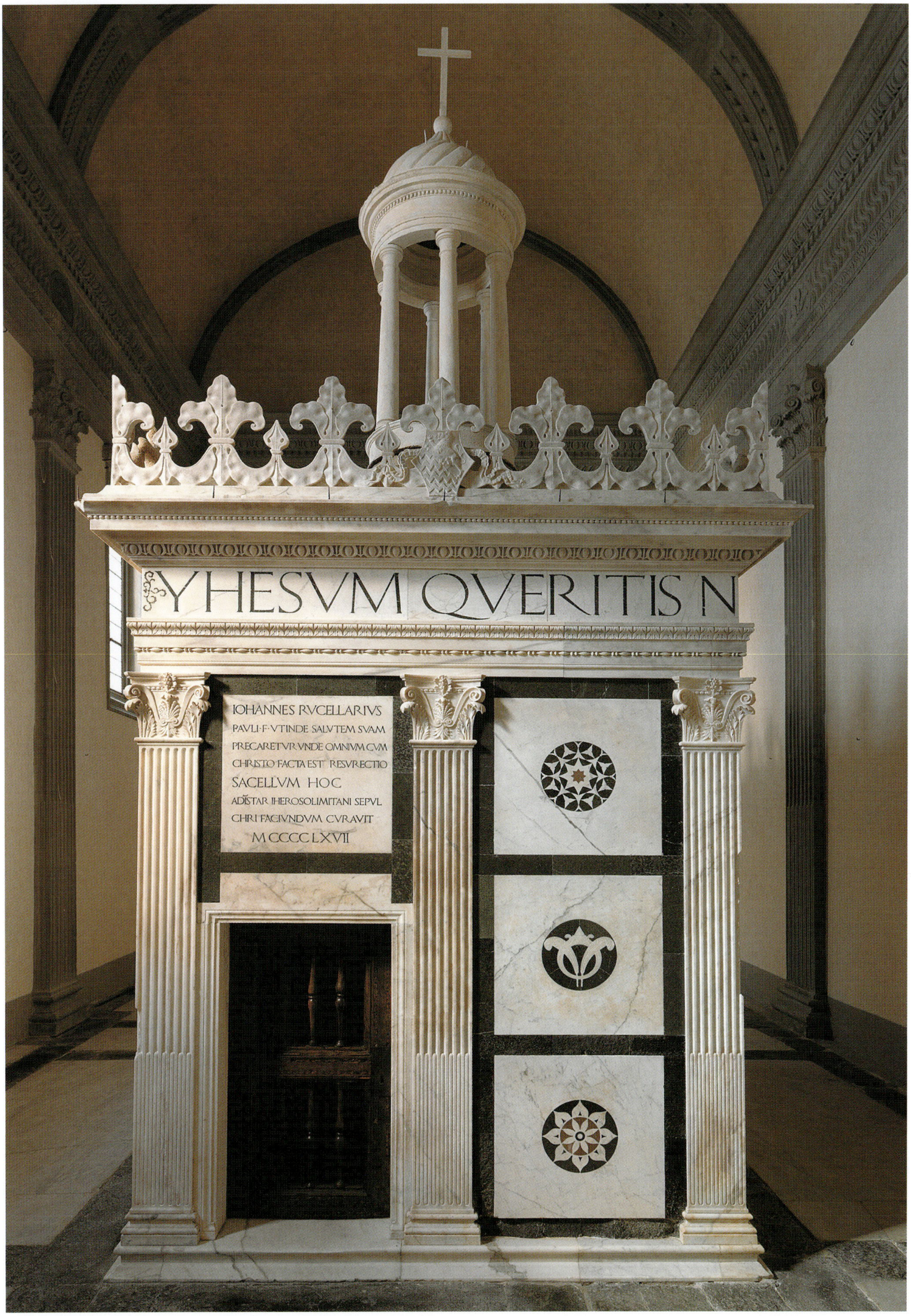
YHESVM QVERITIS N
IOHANNES RVCELLARIVS
PAVLI·F·VTINDE SALVTEM SVAM
PRECARETVR VNDE OMNIVM CVM
CHRISTO FACTA EST RESVRECTIO
SACELLVM HOC
ADĪSTAR IHEROSOLIMITANI SEPVL
CHRI FACIVNDVM CVRAVIT
MCCCCLXVII

A destra:
Piero della Francesca,
Sigismondo Pandolfo
Malatesta
in preghiera davanti
a san Sigismondo
(1451);
Rimini,
Tempio malatestiano.

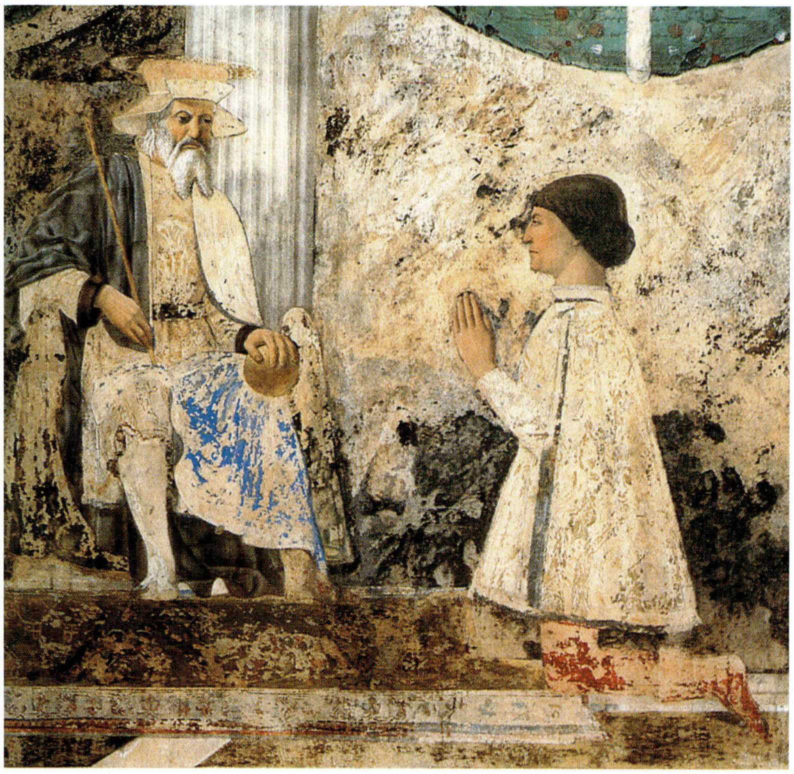

Sotto:
Arco di Augusto
(27 a. C.),
fronte verso la città;
Rimini.

La facciata del Tempio malatestiano a Rimini ripropone il modello dell'arco romano citando quasi puntualmente l'Arco di Augusto in questa stessa città.

Rimini

«Non esiste opera architettonica che richieda maggiore ingegno, sollecitudine, solerzia, accuratezza di quanta ne occorre per costruire e adornare il tempio. Inutile rammentare che un tempio ben curato e ornato rappresenta indubbiamente il vanto maggiore e più nobile che possa avere una città». Così Alberti esordisce nel terzo capitolo del libro VII – dedicato agli edifici pubblici – nel suo trattato architettonico.

Sembra davvero l'epigrafe di Rimini, dove il tempio (la chiesa di San Francesco) è singolare conferma dell'intesa tra architetto e committente, una sorta di sopraffazione attraverso la quale il principe nuovo ha manifestato la volontà che intende immortalare il proprio amore per la diva Isotta, la «concubina» dell'aspra condanna di Pio II, il papa umanista che avrebbe finito per piegare l'audace Sigismondo. E da parte di Alberti la sopraffazione sull'antica chiesa francescana che viene conservata dentro una "scatola", quella appunto del tempio, che parla tutt'altro linguaggio e s'ispira a modelli pagani: «Per questa ragione raccomanderemo che il tempio sia di tanta bellezza che nulla sia possibile immaginare che abbia un aspetto più adorno», scrive nel trattato; e aggiunge: «Ma una qualità sopra tutte, a mio parere, deve avere il tempio. Tutto quanto in esso è visibile dovrà risultare tale da rendere difficile il

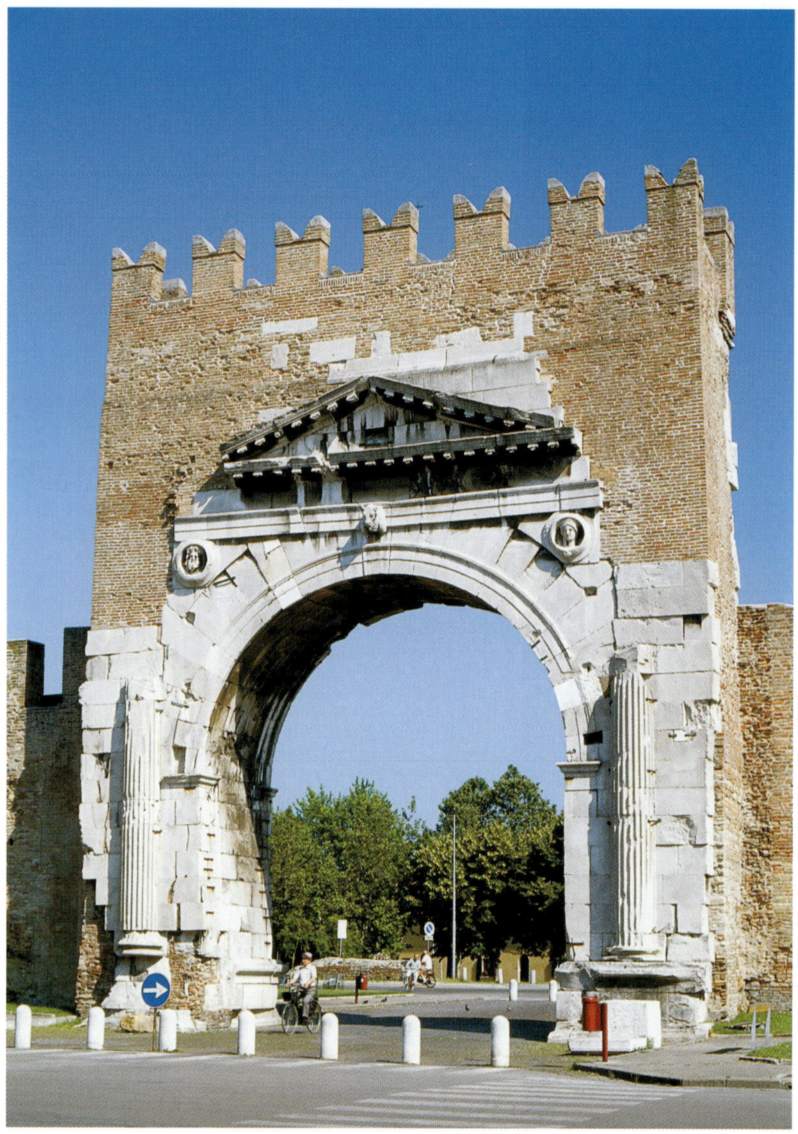

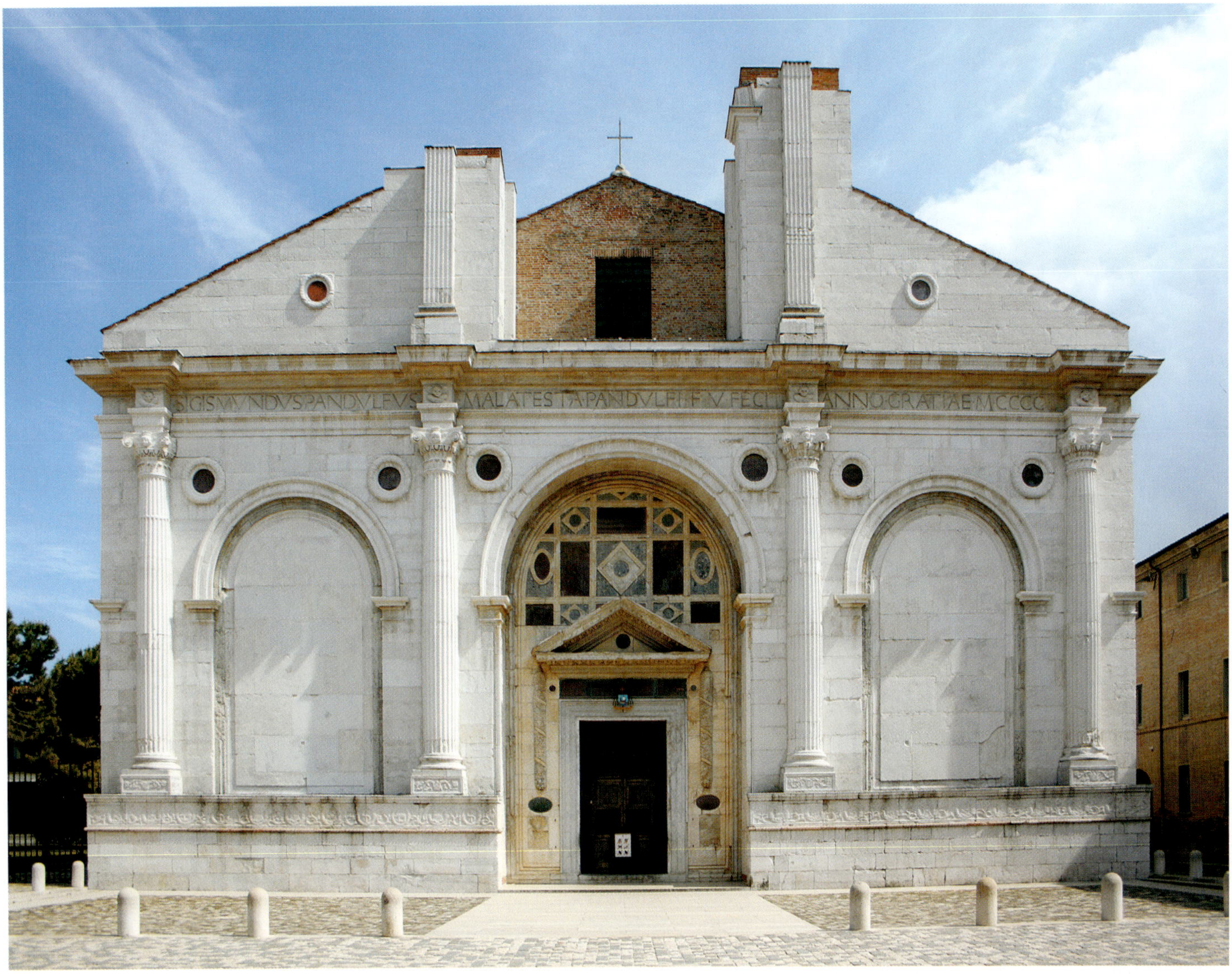

In alto:
Tempio malatestiano (progetto del 1447-1450), facciata; Rimini.

In basso:
ipotesi ricostruttiva del progetto albertiano per il Tempio malatestiano di Rimini.

A destra:
ricostruzione della facciata di San Francesco prima dell'intervento di Alberti.

Per la ristrutturazione della chiesa gotica di San Francesco, Alberti ideò un involucro classicistico rimasto incompleto – i lavori si interruppero nel 1468 – a causa del declinare della fortuna politica del committente, Sigismondo Pandolfo Malatesta.

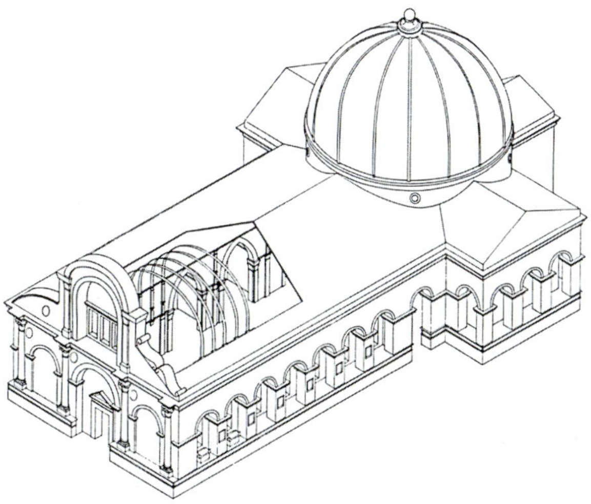

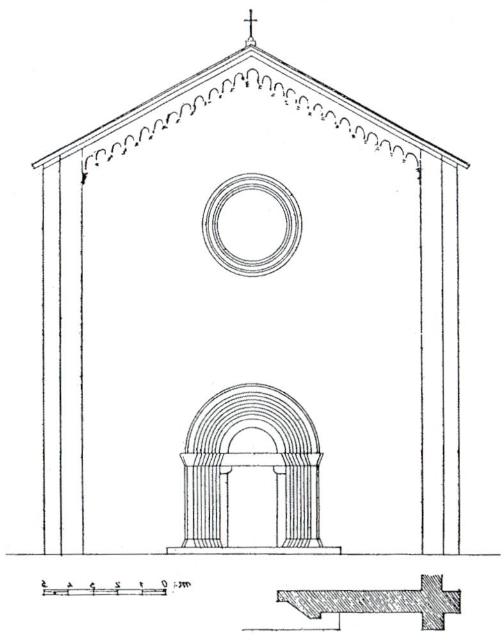

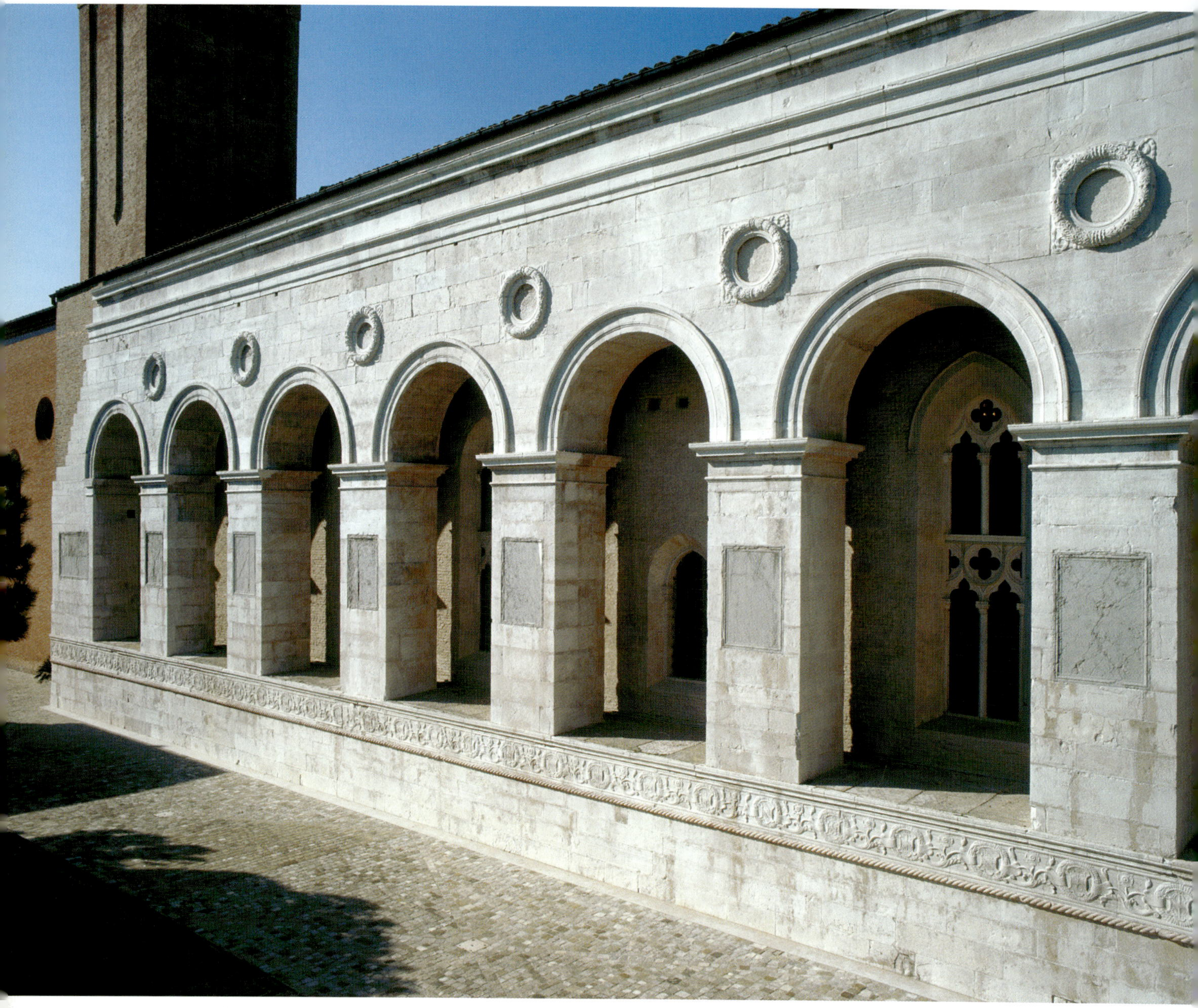

Tempio malatestiano (progetto del 1447-1450), fianco destro; Rimini.

tra platonismo e rivelazione. Poi nella seconda fase, quando si crea la "scatola" classicistica, l'impegno albertiano è più diretto: persino il tono fermo e un po' intimidatorio della nota lettera a Matteo de' Pasti conferma un'inequivocabile volontà progettuale. Come poi le vicende di lunga durata abbiano fatto sì che dell'incompiuto progetto albertiano non resti che un frammento, e che non si conosca nemmeno la sua conclusione, né la copertura, il transetto, l'abside – questioni aperte tanto da generare ipotetiche, spesso contraddittorie ricostruzioni – questo appartiene all'intreccio tra volontà umana e fato, su cui tanto si è esercitata la riflessione pessimistica di Leon Battista.

E come poi, al di là d'un rigoroso tessuto proporzionale, il linguaggio formale del

Per l'esecuzione dell'esterno del Tempio, Alberti si affidò a Matteo de' Pasti che con Agostino di Duccio realizzò anche l'interno, forse con largo margine di autonomia: vi è profusa una ricca decorazione scultorea che accoglie temi e modi della tradizione ermetica, ben attestata nella cultura del Rinascimento italiano.

Tempio malatestiano (progetto del 1447-1450), interno; Rimini.

giudizio se sia più da encomiare l'ingegno e l'opera degli artefici o la sollecitudine dei cittadini nel raccogliere e nell'esporre ivi le più preziose e mirabili rarità e se le sue caratteristiche siano più atte a conferirgli leggiadria e splendore o a farlo durare in eterno».

Dell'"escalation" del programma di Sigismondo Pandolfo Malatesta dovuta al consiglio di Alberti il tempio riminese documenta i due momenti fondamentali.

Il primo riguarda l'interno dell'edificio: la preferenza per la decorazione scultorea più che per la pittura è chiaramente affermata, ma l'esecuzione di Matteo de' Pasti e di Agostino di Duccio ha largo margine di autonomia, sottintende un mondo figurativo complesso che suscita l'aperta condanna di Pio II come espressione di irrazionalismo, di ermetismo, d'impossibile mediazione tra religione e mitologia,

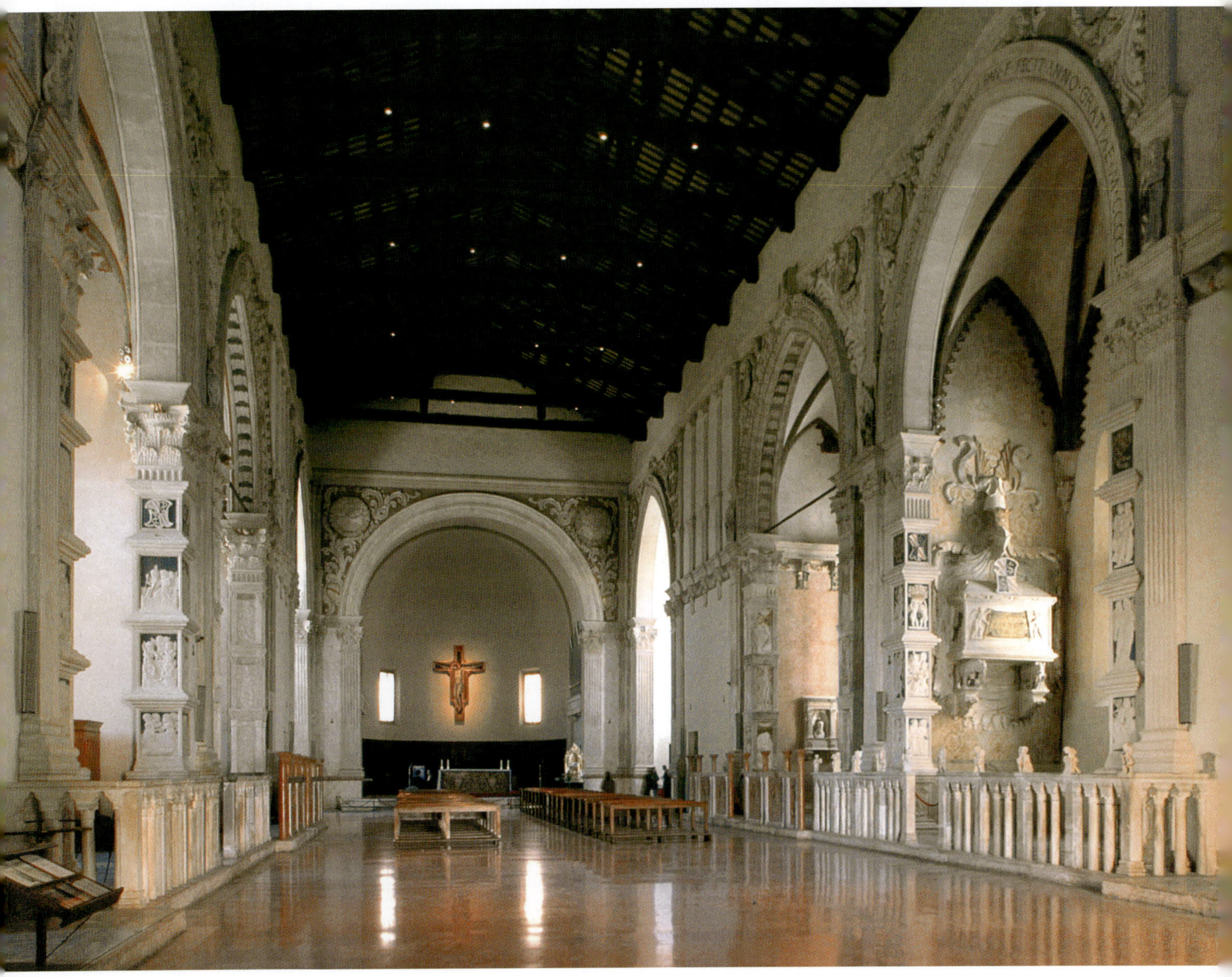

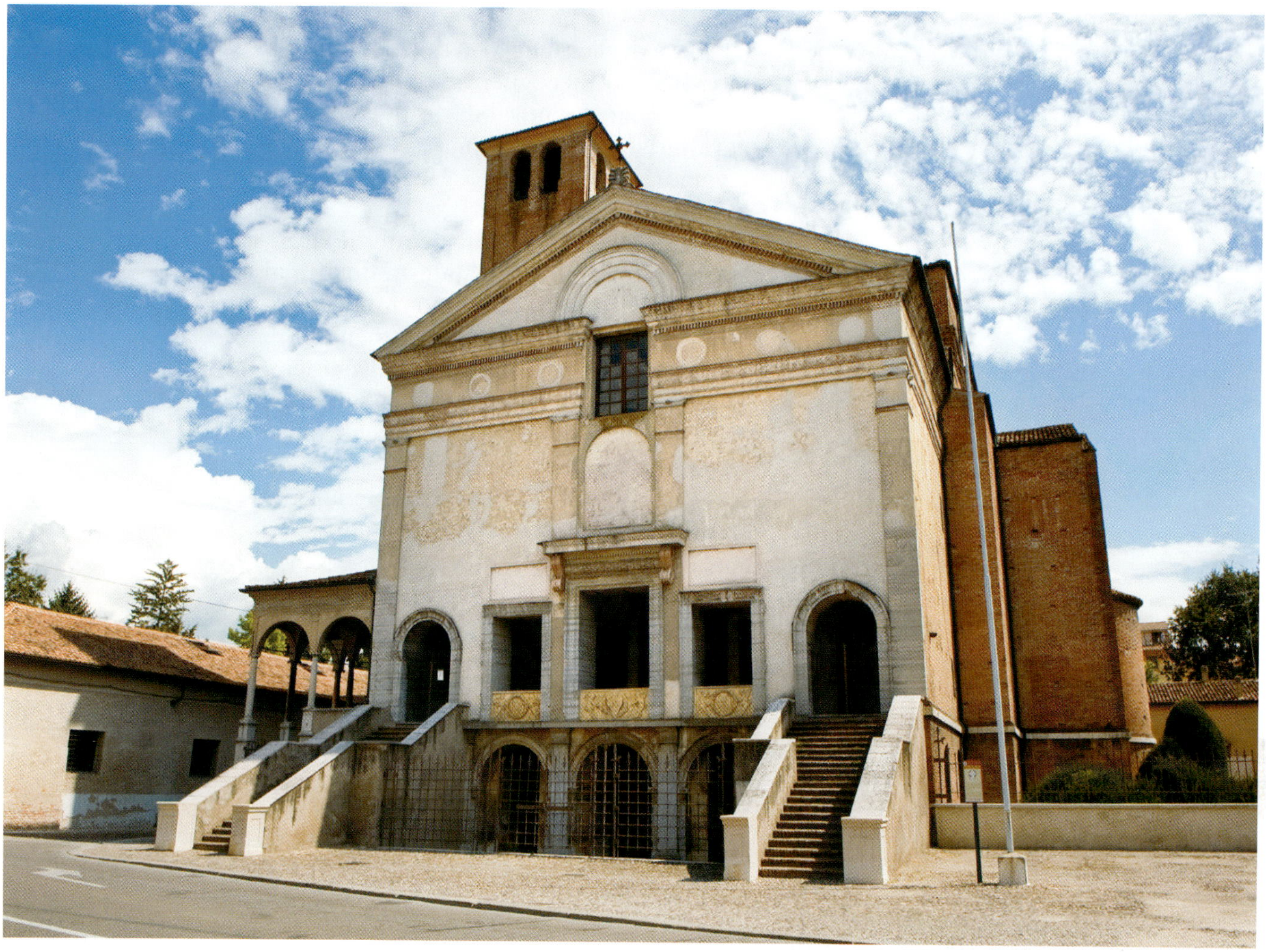

In alto:
San Sebastiano (progetto del 1460 circa), facciata;
Mantova.

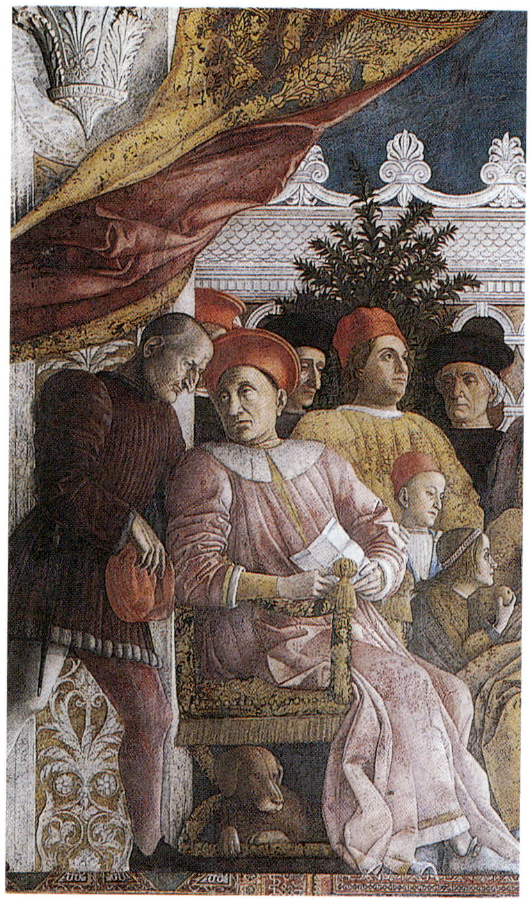

A destra:
Andrea Mantegna,
Ludovico Gonzaga e la sua corte
(1465-1474), particolare;
Mantova, castello di San Giorgio, Camera degli sposi.

tempio sia piuttosto ispirato alla cultura padana che non a una visione ortodossa del classicismo, che del resto si formerà solo più tardi, resta un interrogativo irrisolto. Quanto cioè le caratteristiche formali siano da attribuire all'Alberti o si debbano alle circostanze esecutive, ai materiali disponibili (per cui non si esitò a ricorrere alle basiliche ravennati), all'interpretazione di Matteo de' Pasti non è agevole distinguere con certezza.

Mantova

«Tu governi una città tranquilla e dalla tua prudenza ben ordinata, quando ti riposi dalle pubbliche cure trovi il tempo per rivolgerti secondo il tuo costume agli studi delle lettere. Spero quindi che attesa la tua consueta umanità con la quale non solo nella gloria delle armi ma nella cognizione delle lettere superi di gran lunga tutti gli altri principi, non dispregerai punto i nostri libri». Così Alberti dedicava la versione latina del *De pictura* (1435-1436) a Giovan Francesco Gonzaga, signore di Mantova, figura singolare tra umanesimo e

San Sebastiano (progetto del 1460 circa), interno; Mantova.

Iniziato a partire dal 1460 sotto la direzione di Luca Fancelli, risulta il testo più mutilo e frammentario dell'Alberti, in gran parte a causa delle complesse e discontinue vicende costruttive. Ma lo spirito del progetto originario permane e neppure il travisante restauro del 1925 ha potuto cancellarlo del tutto: ancora vi si respira un'atmosfera da aula termale romana, riferimento classico ribadito dall'impressione di cisterna romana offerta dalla cripta.

corte tardogotica, dissipatore di ricchezze e gran collezionista di codici, tra i quali un centinaio di soggetto cavalleresco, prevalentemente d'origine francese. Comincia così il rapporto con la signoria gonzaghesca che si rafforza col successore di Giovan Francesco, il marchese Ludovico, condottiero, capitano generale della Repubblica fiorentina, discepolo di Vittorino da Feltre, amante delle lettere, appassionato committente d'architettura, grande estimatore di Alberti (e di Mantegna), tanto da intervenire in favore di Leon Battista quando papa Paolo II sopprime gli uffici di abbreviatore apostolico: «Il venerabile e spettabilissimo messer Battista dell'Alberti negli ultimi anni ebbe meco somma familiarità, si trattenne molto presso di me né mancò mai di prestarmi l'opera e i servigi suoi per la qual cosa me li debbo professar obbligato».

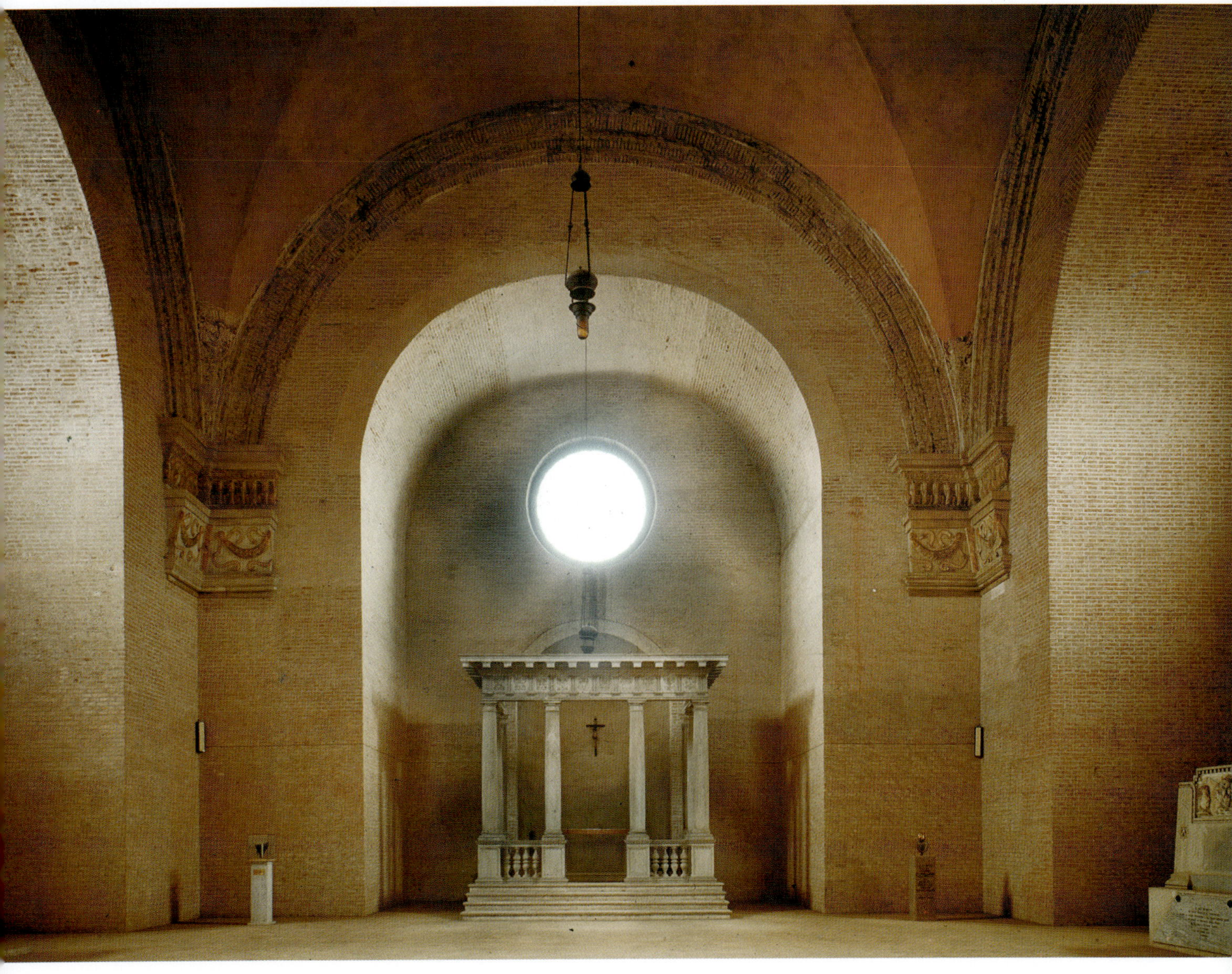

Sant'Andrea (progetto del 1470 circa), interno verso l'altare; Mantova.

Anche l'esecuzione di Sant'Andrea, i cui lavori si protrassero fino al XVIII secolo, fu affidata a Luca Fancelli, l'architetto e urbanista fiorentino raccomandato a Ludovico Gonzaga – signore di Mantova e committente dell'opera – da Cosimo il Vecchio de' Medici.

Il distacco di Alberti dal cantiere è una costante dell'attività di Alberti architetto. Forse per i suoi impegni di abbreviatore apostolico, oppure a causa di un abito mentale che gli faceva preferire un ruolo solo teorico, da intellettuale. Nel IX libro del De re aedificatoria si legge: «È sufficiente fornire consigli sinceri e buoni disegni. Se poi ti proponi di esser tu stesso direttore ed esecutore del lavoro, quasi sempre accadrà che tutti i difetti e gli errori, in cui o per inesperienza o per incuria sono incorsi gli altri, siano attribuiti a te solo. Questi lavori devono essere affidati a maestranze abili, caute, rigorose».

Ludovico Gonzaga si modella su Cosimo de' Medici come dilettante intenditore d'architettura così da potersi poi persino dichiarare «discipulo» del Fancelli, con umiltà accattivante, davvero singolare in un principe condottiero come lui. E Luca Fancelli, artista fiorentino suggerito dai Medici, potrà avere un monopolio fiduciario che si esplica attraverso una continuità che lo rende una sorta di precursore dei grandi funzionari dei *bàtiments* francesi, segnando con la sua pluridecennale presenza il carattere d'una città. Il «lapicida», «scultore», «tagliapietra», come si firma, potrà aggiungere alle sue qualifiche anche quella di «ingegnano», avendo come referenti Mantegna e appunto Alberti. Fancelli, la cui opera sta a Mantova come quella di Biagio Rossetti a Ferrara, è l'interprete delle intenzioni,

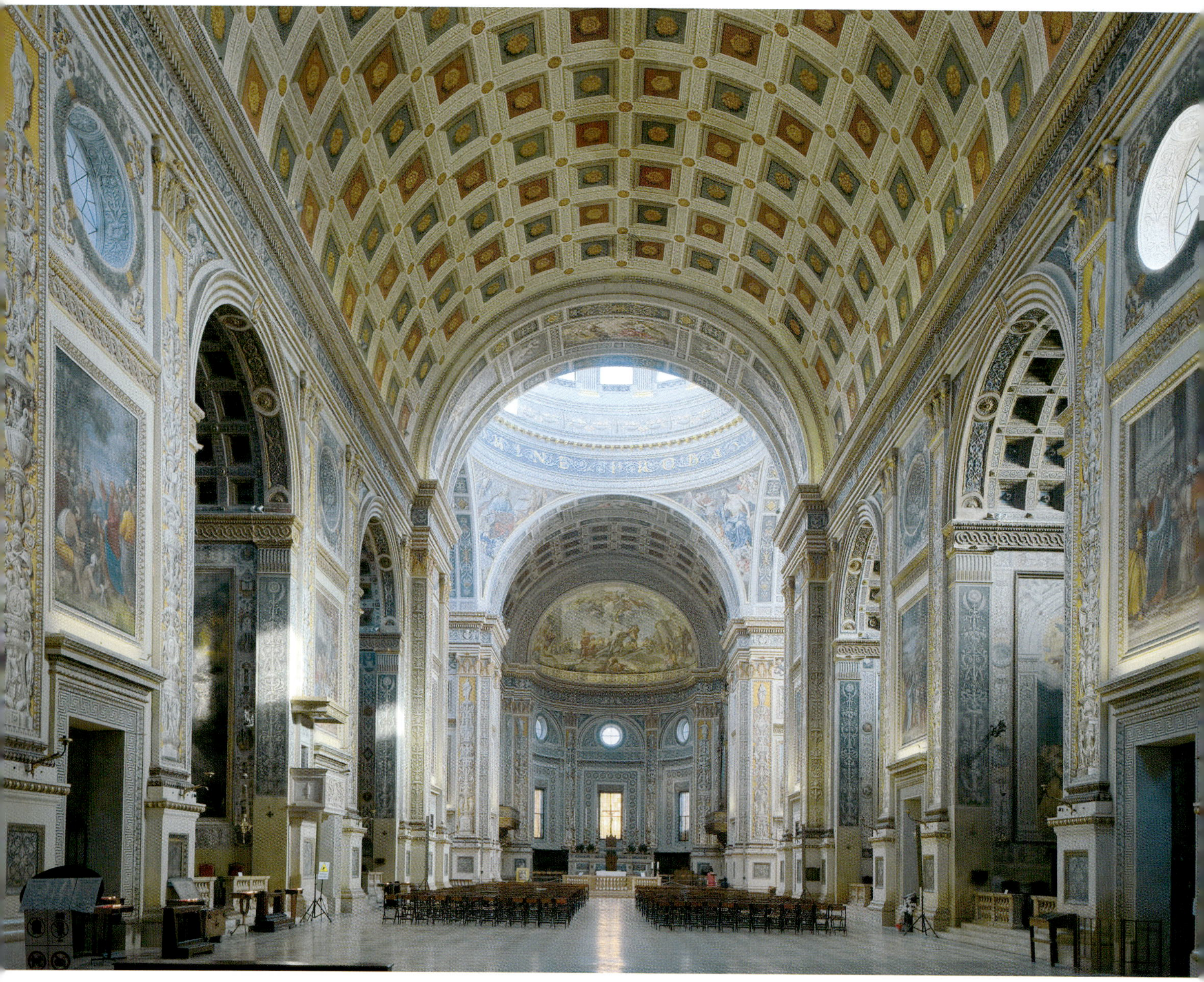

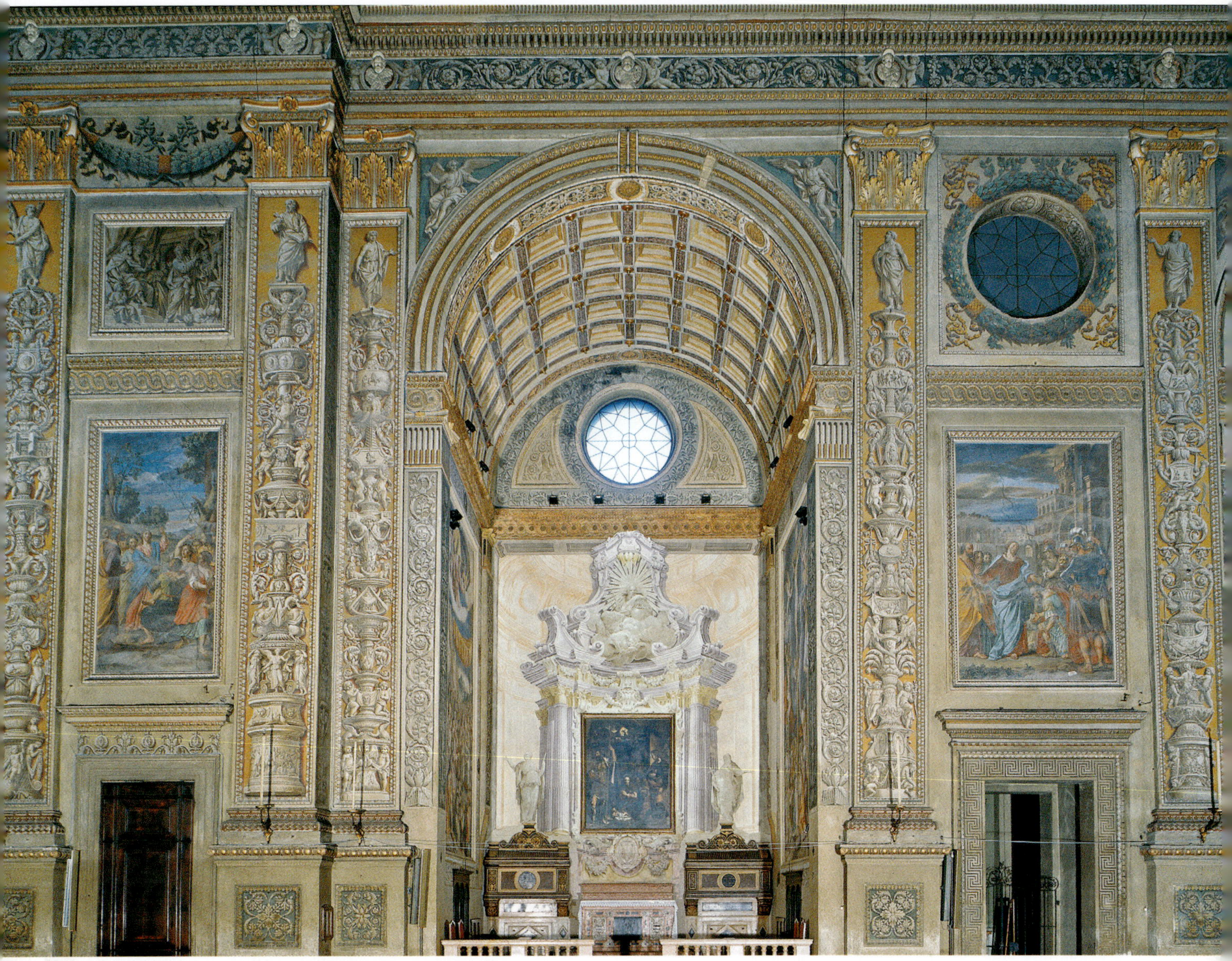

Sant'Andrea (progetto del 1470 circa); interno; Mantova.

della progettualità, delle consulenze di Alberti presso il marchese Ludovico.

Dalle esili tracce documentarie risulta che, a Mantova, interventi a livello di consiglio di Leon Battista erano diffusi, investendo il restauro di San Lorenzo, la loggia dinanzi al palazzo della Ragione, la torre dell'Orologio. Ma la tradizione storiografica consolidata restringe gli interventi albertiani a due episodi essenziali, entrambi molto problematici: le chiese di San Sebastiano e di Sant'Andrea. La prima nata da una volontà frettolosa del marchese, ispiratosi a un sogno interrotto più volte e incomprensibile ai più per il suo linguaggio innovativo: oggi appare coll'immagine novecentesca di un restauro aggressivo, dopo la trasformazione in "sacrario dei martiri fascisti", che ne rende assai problematica la lettura. La seconda – appena agli inizi alla morte di Alberti – per l'amplificazione del progetto iniziale con un transetto ambizioso, per la cupola barocca è opera che di albertiano conserva, si può dire, solo alcune proporzioni e il modulo strutturale alternato delle cappelle e del loro modo di prendere luce. Le due opere mantovane, tuttavia, segnano anche così la più impegnativa elaborazione umanistica di edifici religiosi. Nella cogente significazione dell'aula termale romana e della cisterna antica (nella cripta del piano basamentale) in San Sebastiano e del tipo basilicale in Sant'Andrea si trova la conferma più clamorosa della forza dei programmi progettuali albertiani che riesce ad affermarsi malgrado le interruzioni, le interpretazioni, i travisamenti, le deformazioni e le smentite del tempo a testimonianza architettonica del suo pessimismo sul rapporto tra virtù e fortuna, tra volontà e fato.

Tribuna della Santissima Annunziata, detta Rotonda (progetto del 1469); Firenze.

Questo ulteriore episodio fiorentino nasce ancora nell'ambito della committenza di Ludovico Gonzaga. Iniziata un anno prima della morte di Alberti, la tribuna viene completata nel 1476, in epoca già ormai segnata da Lorenzo il Magnifico, tra le aspre polemiche che opponevano i sostenitori di Leon Battista ai continuatori dei modi di Filippo Brunelleschi. Nella Rotonda dell'Annunziata torna il ricordo di classiche tipologie, soprattutto evidenti nella copertura che prevede una calotta piena come in molti edifici romani. Così Vasari descrive la Rotonda nelle Vite*. «Fece [Alberti] la detta tribuna capricciosa e difficile a guisa d'un tempio tondo, circondato da nove cappelle, che tutte girano in arco tondo, e dentro sono a uso di nicchia». Oggi l'interno appare profondamente modificato dalla decorazione barocca.*

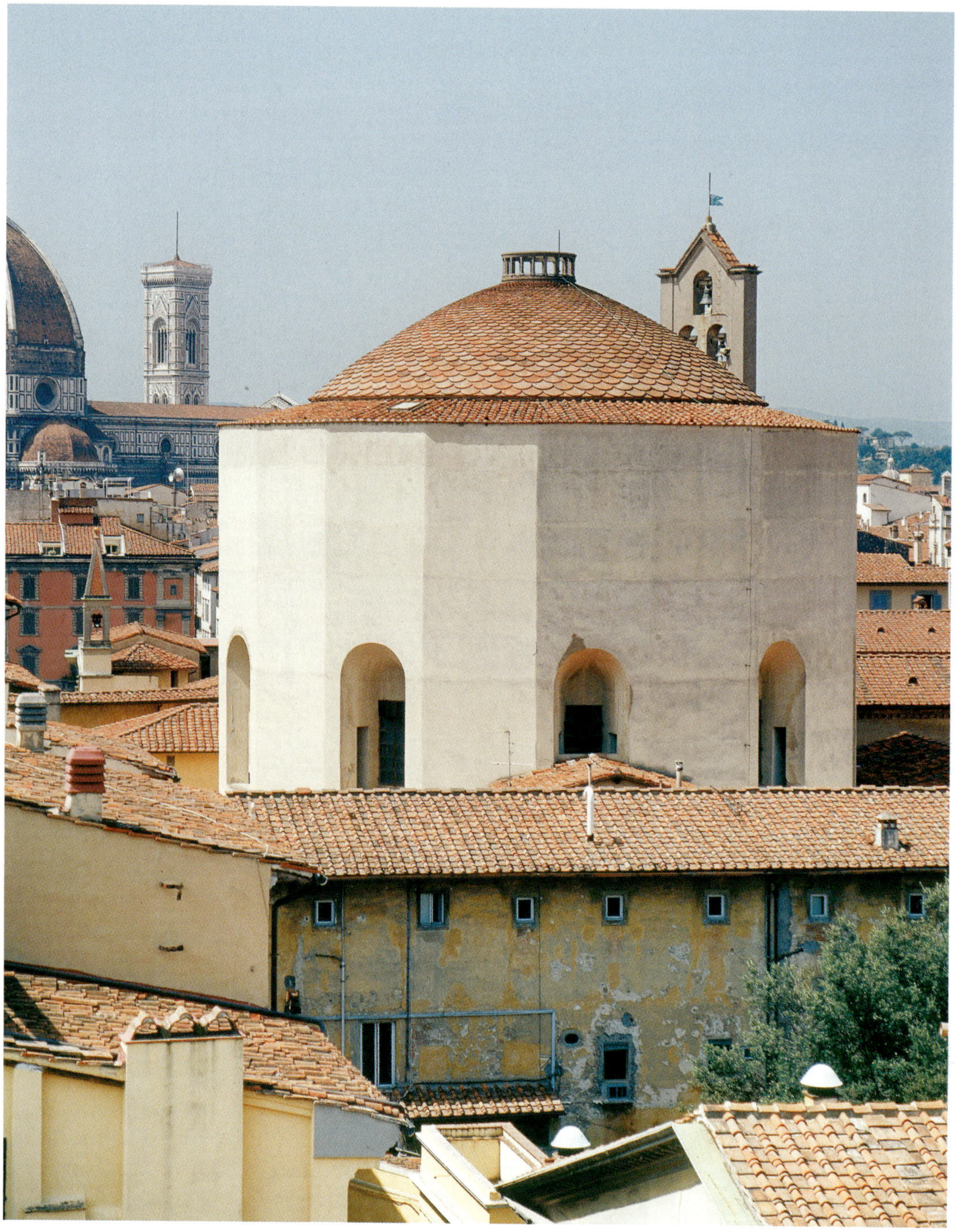

A completamento e corollario del rapporto tra Ludovico Gonzaga e Alberti sta anche un'opera fiorentina, la Rotonda dell'Annunziata, finanziata dal Gonzaga che era obbligato a investire sul territorio della Repubblica fiorentina i proventi derivanti dalla sua funzione di capitano generale delle milizie toscane. Una vicenda, quella dell'Annunziata, e una conferma, ormai in piena età di Lorenzo il Magnifico, dello scontro che oppone la «Firenzina», e gli eredi di Brunelleschi astiosamente concorrenti tra loro per appropriarsi del «modo di Filippo», al linguaggio classicistico albertiano, in

Piante della Rotonda della Santissima Annunziata a Firenze.

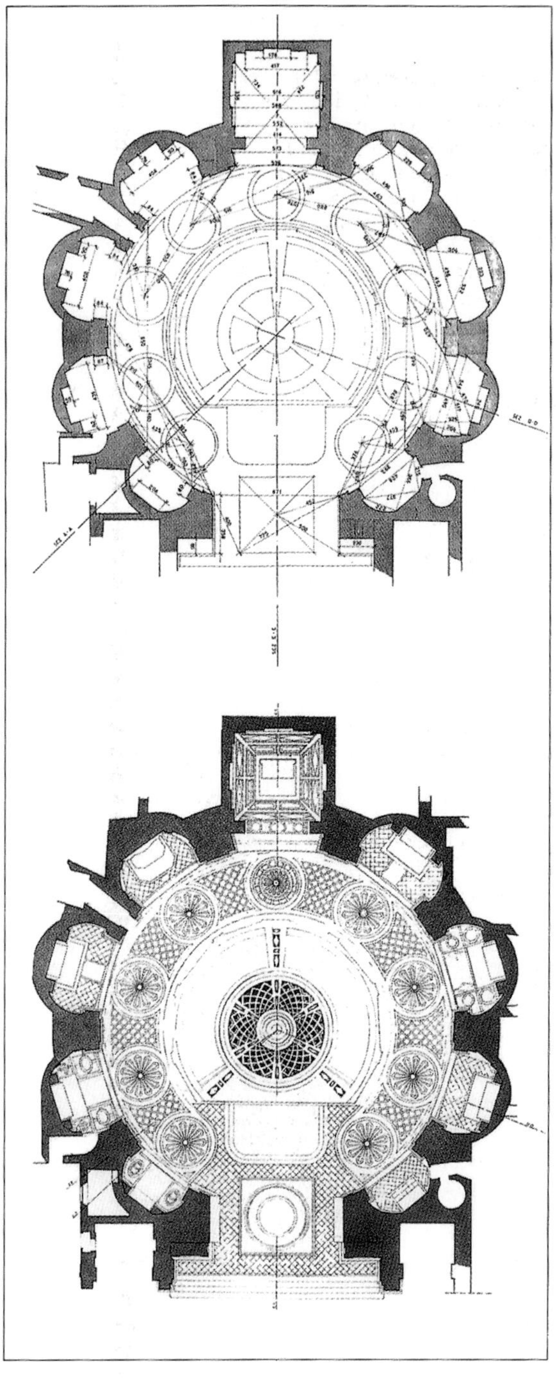

fondo estraneo alla tradizione locale, che solo la volontà del signore di Mantova riesce, e non senza fatica, a imporre. La predilezione albertiana per il tempio circolare, la concezione delle cappelle scavate romanamente nello spessore dei muri rappresentano anche qui tutto ciò che gli si può attribuire, perché all'interno il travestimento manierista e all'esterno la semplificazione pragmatica dei volumi, privi di connotazioni architettoniche, rappresentano una forbice che si discosta da ogni ipotesi di linguaggio formale albertiano. Il suo contributo fondamentale resta in sintesi costretto negli ambiti generali di un programma tipologico e d'una impostazione del tutto estranea alla preesistenza e alla cultura architettonica fiorentina del tempo. Quella stessa che doveva suscitare in Lorenzo, fedele discepolo culturale di Alberti, una profonda indifferenza e un prudente distacco, tanto da stare piuttosto col piede sul freno nelle questioni emergenti del suo tempo quali la facciata di Santa Maria del Fiore o il completamento di Santo Spirito.

Mantova e Firenze, due tappe interrelate attraverso la committenza Gonzaga e l'interpretazione di Fancelli, due tappe dell'itinerario architettonico albertiano, sperimentazione a volte incompresa e sempre mutila di quella elevata cultura dell'architettura che egli consegna al *De re aedificatoria*, spesso anche questo scoperta pagina di diario. «Indubbiamente», ricordiamo l'introibo del libro VI, «dare veste unitaria ad argomenti tanto svariati, differenti, dispersi qua e là, poco noti e poco trattati dagli autori; dar loro una giusta formulazione; disporli in un ordine opportuno; trattarli col linguaggio preciso: tutto ciò esigeva una capacità e una preparazione maggiori di quanto siano in me. Non di meno non avrò da rammaricarmi del mio lavoro se avrò raggiunto ciò che mi proponevo, se cioè i miei lettori comprenderanno che ho preferito adottare un'esposizione piana piuttosto che sforzarmi di apparire eloquente. Ma raggiungere anche soltanto tale risultato è impresa in questo genere di trattazione di una difficoltà che solo può esser compresa da chi ne abbia fatto diretto esperimento».

(1) L. B. Alberti, *Opere volgari*, 3 voll., Bari 1960-1973, II, 1966, p. 113.

ELOGIO DELL'ARCHITETTO: IL "DE RE AEDIFICATORIA"

Scritto tra il 1443 e il 1452, il De re aedificatoria *ripropone in dieci libri la struttura del testo di Vitruvio. I primi tre libri sono dedicati alla fase progettuale ed esecutiva. Nel quarto e quinto libro si esaminano grandi opere come città o ponti, o singole architetture e loro destinazioni. Oggetto del sesto, ottavo e nono libro sono l'apparato ornamentale e le tipologie dei vari edifici, il problema degli ordini e il ruolo dell'architetto. Il decimo libro, infine, tratta del restauro degli edifici e di idraulica. La prima edizione a stampa dell'originale latino del trattato albertiano è stata fatta a Firenze da Nicola Alamanno nel 1485, promossa da Lorenzo il Magnifico e curata da Agnolo Poliziano. Si presentano qui alcuni brani.*

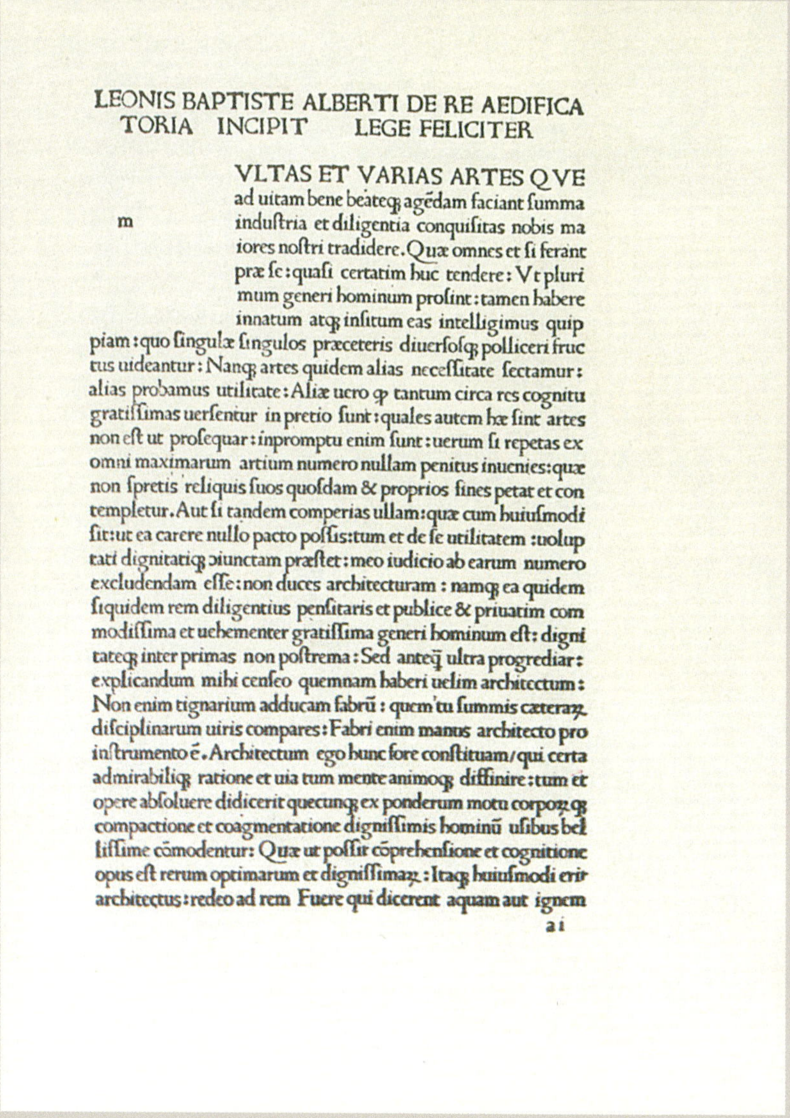

LEONIS BAPTISTE ALBERTI DE RE AEDIFICA
TORIA INCIPIT LEGE FELICITER

m VLTAS ET VARIAS ARTES QVE ad uitam bene beateq; agēdam faciant ſumma induſtria et diligentia conquiſitas nobis maiores noſtri tradidere. Quæ omnes et ſi ferant præ ſe: quaſi certatim huc tendere: Vt plurimum generi hominum proſint: tamen habere innatum atq; inſitum eas intelligimus quippiam: quo ſingulæ ſingulos præceteris diuerſoſq; polliceri fructus uideantur: Nanq; artes quidem alias neceſſitate ſectamur: alias probamus utilitate: Aliæ uero q tantum circa res cognitu gratiſſimas uerſentur in pretio ſunt: quales autem hæ ſint artes non eſt ut proſequar: inpromptu enim ſunt: uerum ſi repetas ex omni maximarum artium numero nullam penitus inuenies: quæ non ſpretis reliquis ſuos quoſdam & proprios fines petat et contempletur. Aut ſi tandem comperias ullam: quæ cum huiuſmodi ſit: ut ea carere nullo pacto poſſis: tum et de ſe utilitatem: uoluptati dignitatiq; ꝯiunctam præſtet: meo iudicio ab earum numero excludendam eſſe: non duces architecturam: namq; ea quidem ſiquidem rem diligentius penſitaris et publice & priuatim commodiſſima et uehementer gratiſſima generi hominum eſt: dignitateq; inter primas non poſtrema: Sed anteq̄ ultra progrediar: explicandum mihi cenſeo quemnam haberi uelim architectum: Non enim tignarium adducam fabrū: quem tu ſummis cæterarum diſciplinarum uiris compares: Fabri enim manus architecto pro inſtrumento ē. Architectum ego hunc fore conſtituam/qui certa admirabiliq; ratione et uia tum mente animoq; diffinire: tum et opere abſoluere didicerit quecunq; ex ponderum motu corporumq; compactione et coagmentatione digniſſimis hominū uſibus belliſſime cōmodentur: Quæ ut poſſit cōprehenſione et cognitione opus eſt rerum optimarum et digniſſimarum: Itaq; huiuſmodi erit architectus: redeo ad rem Fuere qui dicerent aquam aut ignem

a i

A sinistra: incipit dell'"editio princeps" del De re aedificatoria, 1485.

Nella pagina a fianco: facciata di Santa Maria Novella, (commissionata tra il 1439 e il 1442), particolare; Firenze.

L'architettura

Molte e svariate arti, che contribuiscono a render felice la vita, furono dai nostri antenati indagate con grande accuratezza ed impegno, e tramandate a noi. E benché tutte quasi a gara dimostrino di perseguire lo stesso fine, di giovare quanto più possibile all'umanità, non di meno risulta esservi in ciascuna di esse una caratteristica intrinseca e naturale, tale da indicare come propria una finalità particolare e diversa dalle altre. Talune arti infatti sono coltivate per la loro necessità; altre si raccomandano per i vantaggi che presentano; altre ancora si apprezzano soltanto perché riguardano argomenti piacevoli a conoscersi. Non occorre specificare di quali arti si tratti, perché sono note; ma se si tengono presenti le più importanti, non se ne troverà una sola che non si rivolga a certi suoi particolari scopi, escludendone tutti gli altri. O se pure qualcuna se ne trovasse, tale da non potersene in alcun modo far senza, e tale al tempo stesso da conciliare la convenienza pratica con la gradevolezza e il decoro, a mio giudizio in questa categoria è da includere l'architettura; giacché essa – se si medita attentamente in proposito – è quanto mai vantaggiosa alla comunità come al privato, particolarmente gradita all'uomo in genere e certamente tra le prime per importanza.

Ma, prima di procedere oltre, credo utile chiarire che cosa, secondo me, si debba intendere per architetto. Giacché non prenderò certo in considerazione un carpentiere, per paragonarlo ai più qualificati esponenti delle altre discipline: il lavoro del carpentiere infatti non è che strumentale rispetto a quello dell'architetto. Architetto chiamerò colui che con metodo sicuro e perfetto sappia progettare razionalmente e realizzare praticamente, attraverso lo spostamento dei pesi e mediante la riunione e la congiunzione dei corpi, opere che nel modo migliore si adattino ai più importanti bisogni dell'uomo. A tale fine gli è necessaria la padronanza delle più alte discipline.

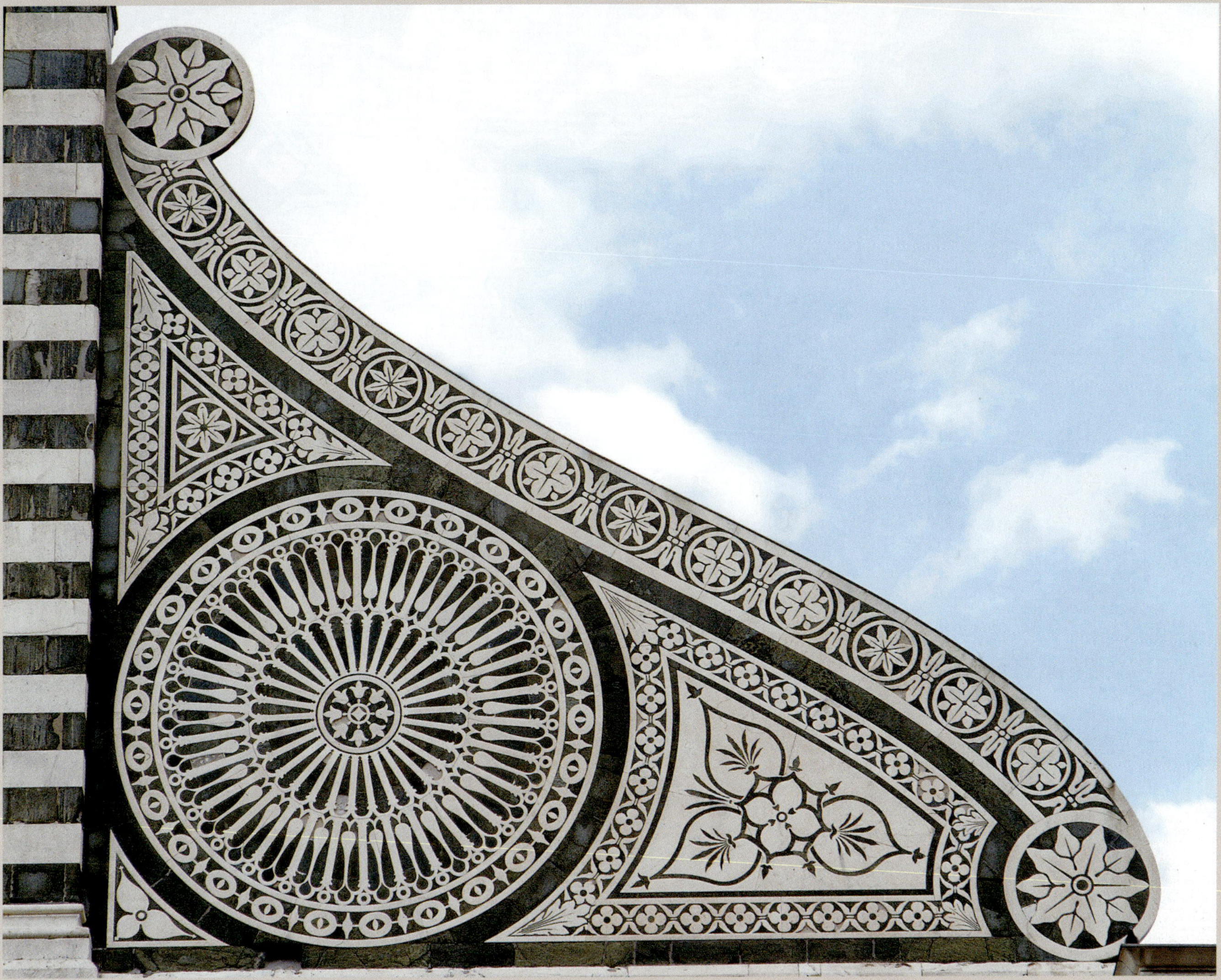

Il tempio

Non esiste opera architettonica che richieda maggiore ingegno, sollecitudine, solerzia, accuratezza, di quanta ne occorre per costruire e adornare il tempio. Inutile rammentare che un tempio ben curato e ornato rappresenta indubbiamente il vanto maggiore e più nobile che possa avere una città. [...]
Per queste ragioni raccomanderemo che il tempio sia di tanta bellezza, che nulla sia possibile immaginare che abbia un aspetto più adorno; sia disposto in ogni particolare in modo tale che i visitatori entrando vengano colpiti da stupore e da meraviglia alla vista di cose tanto degne, e provino un desiderio incontenibile di esclamare: ciò che vediamo è realmente un luogo degno di Dio! [...]
Da parte nostra raccomandiamo pure di dare all'edificio le proporzioni maggiori che siano possibili; ma occorre farlo in modo che possa essere ornato. Giacché l'ornamentazione non può dirsi mai terminata, e perfino nei templi di piccola mole resta sempre qualcosa che si può e si deve aggiungere. [...]
Ma una qualità sopra tutte, a mio parere, deve avere il tempio. Tutto quanto in esso è visibile dovrà risultare tale da rendere difficile il giudizio se sia più da encomiare l'ingegno e l'opera degli artefici o la sollecitudine dei cittadini nel raccogliere e nell'esporre ivi le più preziose e mirabili rarità, e se le sue caratteristiche siano più atte a conferirgli leggiadria e splendore o a farlo durare in eterno. Questa qualità, che è da perseguirsi in tutti gli edifici pubblici e privati, dev'essere coltivata in special modo nella costruzione dei templi, quanto più sia possibile. [...] Infine, il luogo nel quale si edifica il tempio dovrà essere frequentato, ben noto, e – come si dice – prominente; inoltre sia in tutto scevro da contatti coi profani. Perciò dinanzi alla sua facciata vi sarà una piazza degna in ampiezza del tempio; all'intorno si avranno spaziose vie lastricate o meglio ancora piazze maestose; per modo che la costruzione sia bene in vista da ogni lato. [...]
Il tempio consta di due parti: il portico e, all'interno, la cella. Esse variano in modo notevole da tempio a tempio. Alcuni infatti sono a pianta circolare; altri a pianta quadrilatera; altri ancora a pianta poligonale. Che in natura prevalga la forma circolare, è manifesto da tutto ciò che nell'universo dura, si genera o si trasforma. Inutile rammentare il globo terracqueo, le stelle, gli alberi, gli animali e i loro covi, etc., tutte cose che la natura ha fatto tondeggianti. Ma vediamo del pari com'essa si compiaccia delle forme esagonali: giacché le api e i calabroni, e gli insetti in genere, hanno appreso a fare le proprie costruzioni di celle esclusivamente esagonali.
La pianta circolare è quella delimitata da un cerchio. In quasi tutti i templi a pianta quadrilatera gli antichi prediligevano la forma allungata, di modo che la lunghezza della loro area risultasse maggiore per un mezzo della larghezza; altri preferivano una forma tale che la larghezza venisse superata di un terzo dalla lunghezza; altri ancora stabilirono che questa fosse doppia di quella. Nella pianta quadrilatera il difetto peggiore nella forma si avrà quando non tutti gli angoli saranno retti.

I brani sono tratti da L. B. Alberti, *L'architettura (De re aedificatoria)*, trad. G. Orlandi, introduzione e note P. Portoghesi, 2 voll., Milano 1966; rispettivamente: vol. I, pp. 7-10 (prologo) e II, pp. 542-550.

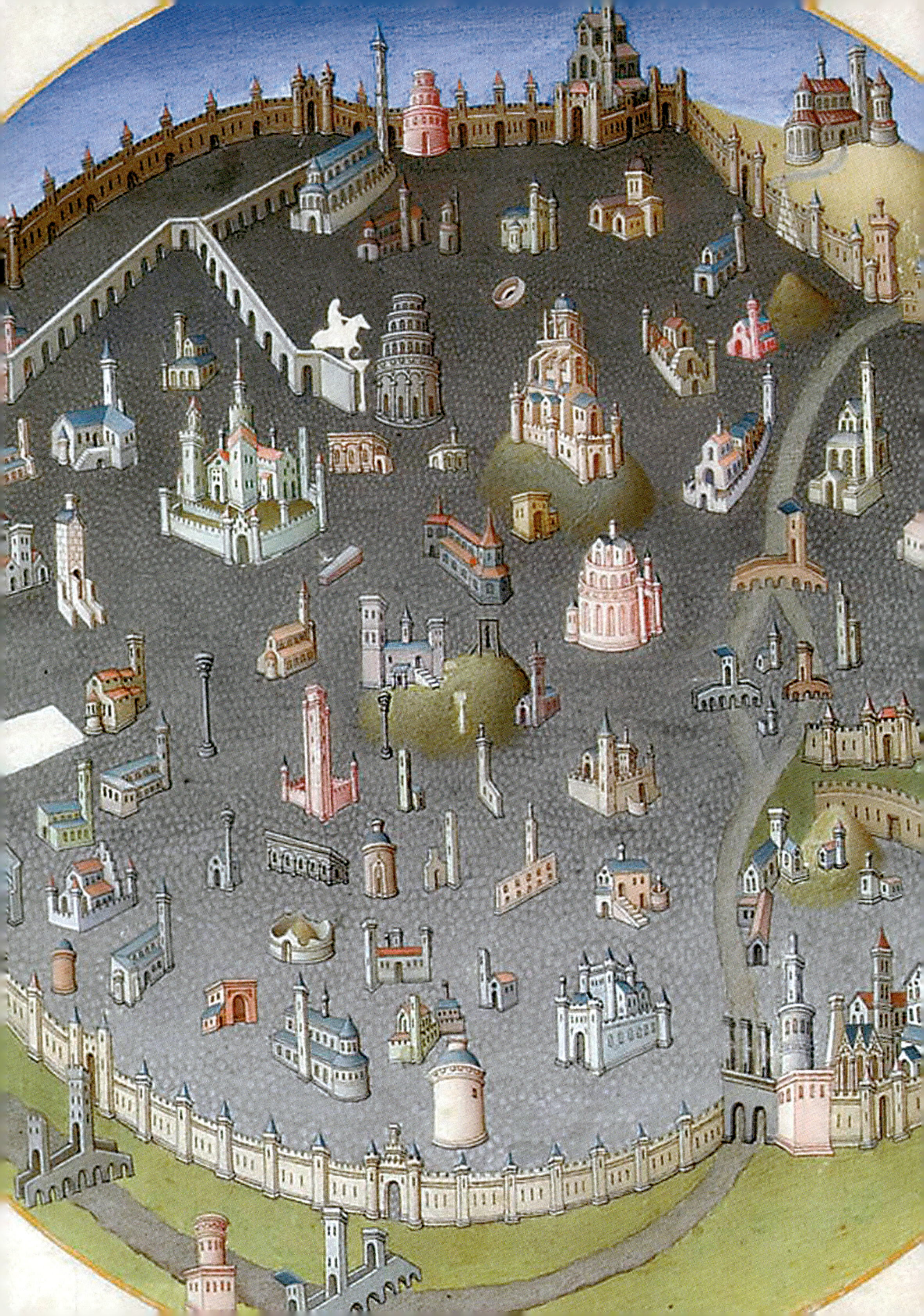

QUARANT'ANNI NELLA CITTÀ ETERNA

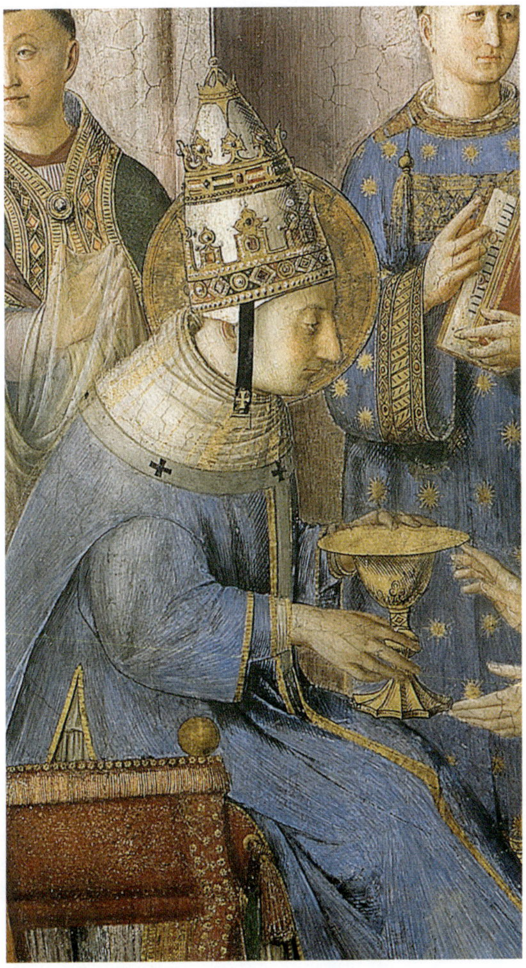

Beato Angelico,* Consacrazione di san Lorenzo come diacono *(1447-1448 circa), particolare con il ritratto di Niccolò V nelle vesti di Sisto II; Città del Vaticano, Musei vaticani, cappella Niccolina.

Nella pagina a fianco:* Veduta di Roma, *miniatura da* Les très riches heures du duc de Berry *con miniature dei fratelli Limbourg (1416-1419), particolare; Chantilly, Musée Condé.

Uno strano destino sembra legare Leon Battista a Roma, la città delle rovine e delle reliquie, il luogo privilegiato dei suoi studi sull'antico.

Vi trascorre, sia pure in modo non continuativo, quarant'anni, dal trasferimento nel 1432 al seguito del patriarca di Grado Biagio Molin, che regge la cancelleria pontificia sotto Eugenio IV, alla morte, nel 1472. Eppure gli anni romani di Leon Battista appaiono densi di difficoltà, quasi circondati da riserbo, avari di notizie documentarie, ricchi di problemi ancora aperti: un nodo quasi inestricabile. Sconcertante, innanzitutto, la vastità dei suoi interessi: ottica, idraulica, geometria, grammatica, arti figurative, architettura, restauro, rilievo dei monumenti affiancano una produzione letteraria dai temi assortiti e i toni variegati, dalla breve, agiografica *Vita Sancti Potiti* (1433), commissionatagli dal protettore Molin, che pure non manca di aspetti formali interessanti[2], alla riflessione politica del *De iciarchia* (1468).

Nominato dal papa nel 1432 priore di Gangalandi (vicino Firenze), scrittore apostolico, Alberti è un curiale poco inquadrato, critico verso la burocrazia ecclesiastica (nel *Nummus*, ovvero "mo-

***Benozzo Gozzoli,* La partenza di sant'Agostino da Roma per Milano, *episodio dal ciclo di affreschi con le* Storie di sant'Agostino *(1463-1467), particolare con la veduta di Roma; San Gimignano (Siena),* Sant'Agostino.**

neta", irride l'attaccamento dei chierici al dio denaro), prudentemente defilato, assorbito dagli studi, finendo così, inevitabilmente, per lasciare tracce esigue nella stessa contabilità curiale e suscitare l'invidia di qualche collega. Gli anni Trenta lo vedono seguire il papa e la curia a Bologna, Ferrara, poi Firenze: sono gli anni del grande concilio, dell'impegnativa ed esaltante riunificazione delle Chiese d'Oriente e Occidente; gli impegni per Leon Battista si infittiscono e non stupisce che verso il 1437-1438 rinunci, purtroppo per noi, a portare a termine la stesura della sua autobiografia.

Il rapporto con Roma si sviluppa soprattutto negli anni Quaranta (Leon Battista lascia Firenze nel 1443, e nel 1444 è di nuovo nella città eterna); risale a questi anni il racconto *Momus*, ispirato a Esopo e Luciano, metafora satirica del potere che contiene molte riflessioni sull'architettura del tempo: velate allusioni alla vanagloria dei committenti e alla cattiva qualità degli architetti, una sorta di prudente ma severa stroncatura dell'età di Eugenio IV, dei potenti cardinali Vitelleschi e Scarampi, ma anche estensibile ai primi anni del pontificato di Niccolò V (dal 1447)(3). È in questi anni che Alberti si dedica alla messa a punto del metodo di rilevamento per coordinate polari per tracciare una pianta della città, illustrato nella *Descriptio urbis Romae*(4), la cui precisa datazione è comunque discussa, così come la valutazione della sua efficacia sulle raffigurazioni della città, prima che il metodo sia istituzionalizzato dalla

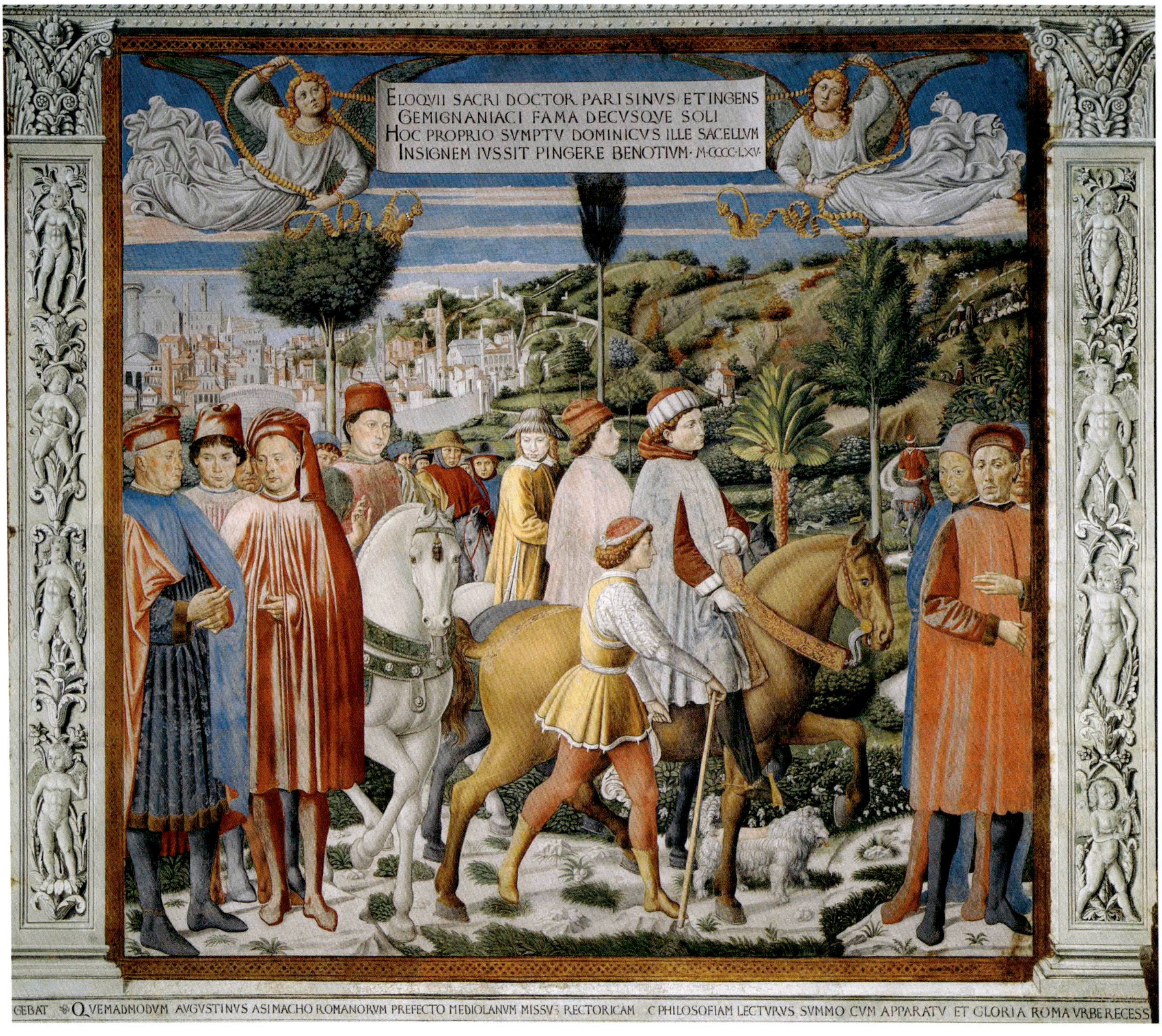

A destra, dall'alto:* Veduta di Roma, *da* Les très riches heures du duc de Berry *con miniature dei fratelli Limbourg (1416-1419), particolare; Chantilly, Musée Condé.

Alessandro Strozzi, pianta di Roma (1473-1474 circa); Firenze, Biblioteca medicea laurenziana, Redi 77, cc. VIIv-VIIIr.

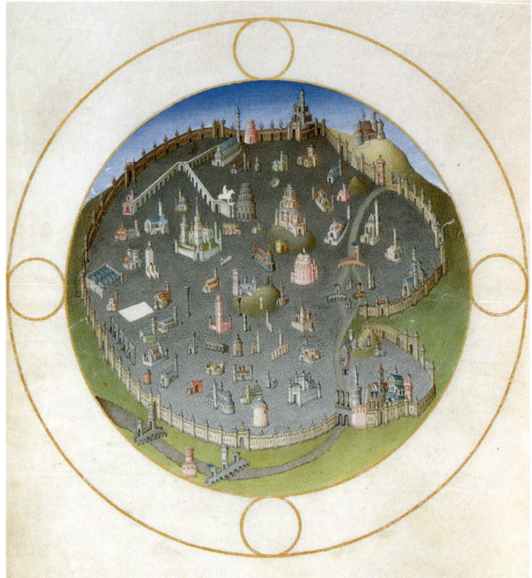

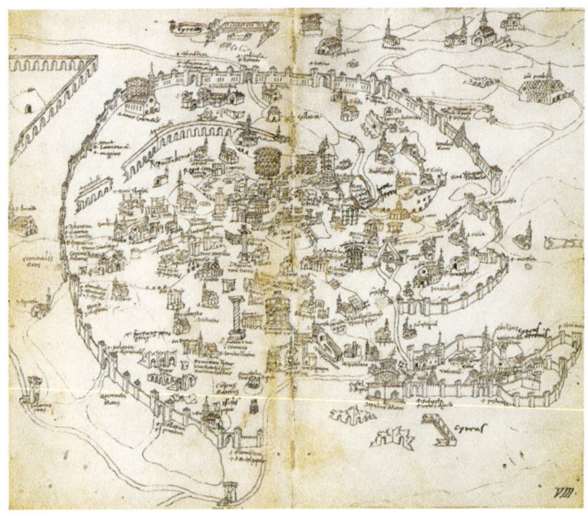

pianta xilografica di Leonardo Bufalini del 1551. Del resto, il metodo è anche nei *Ludi mathematici*, anche qui proposto su esempi di topografia romana.

Sono manifestazioni importanti di quella centralità delle riflessioni sull'architettura che conducono alla lunga stesura del suo trattato più ampio e organicamente sviluppato, il celebre *De re aedificatoria*. Ispirato al *De architectura* (circa 27 a. C.) di Vitruvio, ne ripete la struttura in dieci libri, ma l'ultimo, probabilmente aggiunto dopo, riflette più da vicino esperienze e proposte degli anni romani. La gestazione dell'opera coincide a grandi linee coll'ambizioso programma di Niccolò V di trasformare la città nell'immagine dell'ordine spirituale e sociale della Chiesa. Un piano straordinario già nella modernità della concezione urbana, nella cultura della città in qualche modo affine all'impostazione albertiana. Esso resta sulle generali ma influenzerà talmente le scelte dei successori da risultare comunque determinante, ben oltre le opere effettivamente realizzate dal papa umanista scomparso nel 1455. Il pontificato può essere diviso in fasi diverse, dall'iniziale affermata continuità con le scelte del predecessore, all'elaborazione di un piano incentrato sulla scadenza giubilare del 1450, e all'impostazione, verso il 1452, di una strategia urbana di portata ancor più vasta e universalistica, le cui linee generali ci sono tramandate da Giannozzo Manetti, che forse ha avuto parte nella sua elaborazione(5).

Abbreviatore apostolico sotto il cancellierato di Biagio Molin, nel 1432 Alberti si trasferisce a Roma dove Eugenio IV lo nomina priore di Gangalandi, nei pressi di Firenze. L'Urbe è il luogo di osservazione privilegiato delle antichità, ma i suoi interessi sono i più diversi e investono sia campi scientifico-tecnici che umanistici. La documentazione però è scarsa, e di progetti concreti resta solo il rilevamento topografico per coordinate polari (espresso cioè in angoli e distanze) del perimetro delle mura aureliane, consegnato alla* Descriptio urbis Romae*: un metodo per tracciare una pianta attendibile della città e che forse influì sulle sue rappresentazioni (in questo capitolo alcuni esempi dell'intero secolo XV) prima di essere codificato alla metà del Cinquecento.

A destra:* Veduta di Roma, *dal* Liber chronicorum *di Hartmann Schedel (Norimberga 1493), con incisioni di Michael Wolgemut e Wilhelm Pleydenwurff.

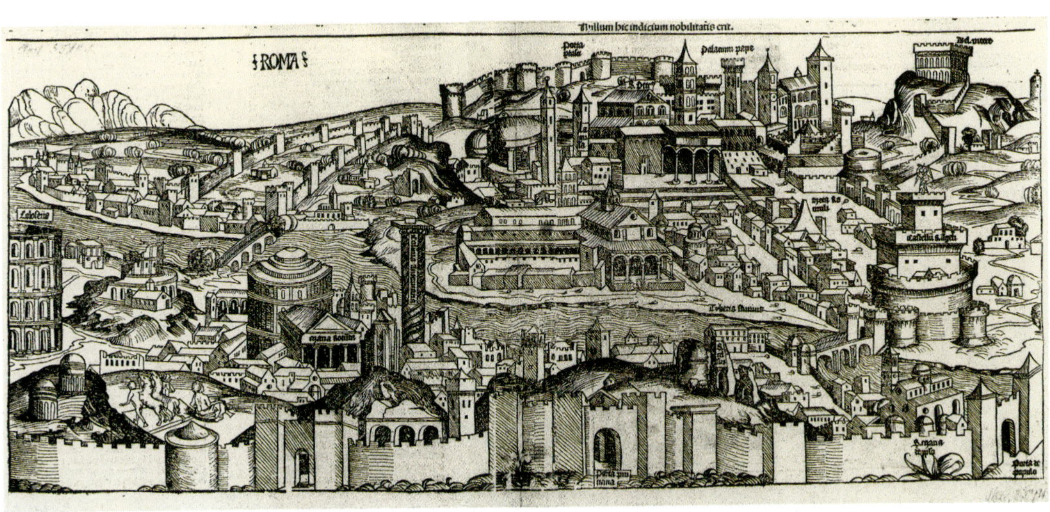

A destra:
Santo Stefano Rotondo, interno; Roma.

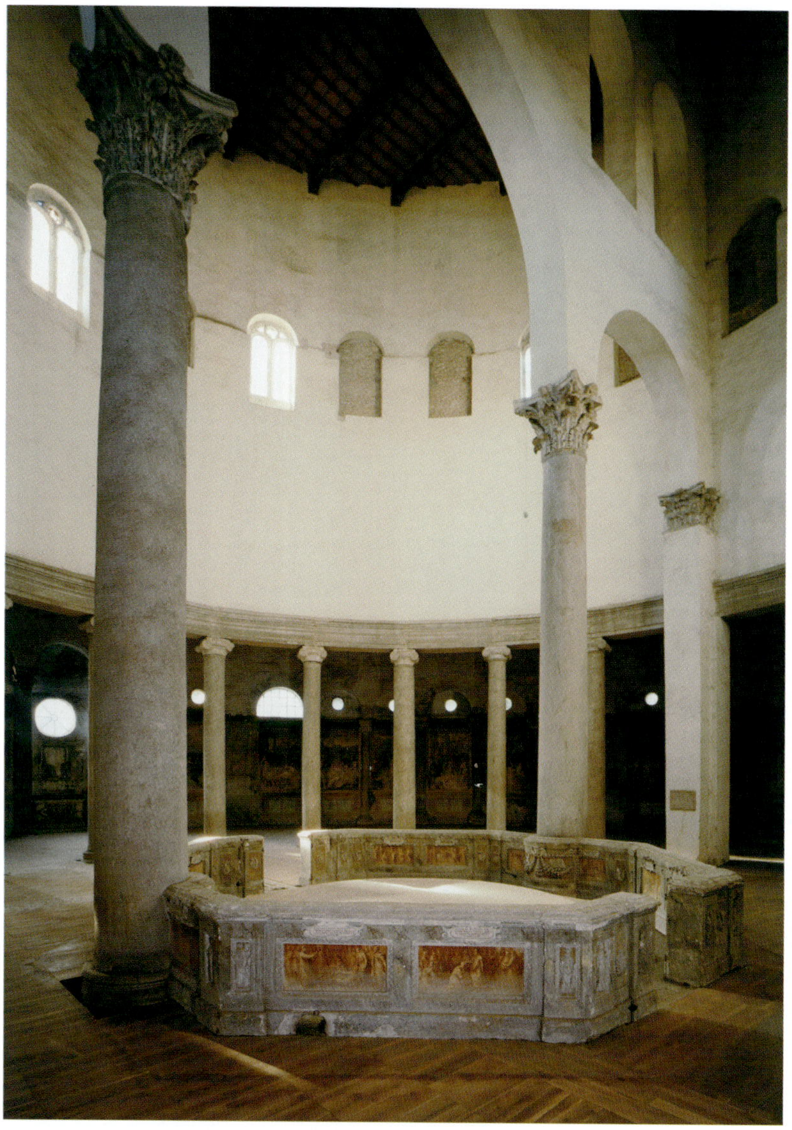

Eretta a partire dal V secolo, la chiesa fu parzialmente rifatta attorno al 1455 su progetto di Bernardo Rossellino, ritenuto da Vasari (1568) il maggiore interprete di Alberti a Roma. L'operazione rientrava nel quadro di un piano di rinnovamento urbano promosso da Niccolò V per il giubileo del 1450. Tra i lavori previsti, il restauro di quaranta chiese, la trasformazione del rione di Borgo (tra San Pietro e Castel Sant'Angelo), la ristrutturazione di San Pietro e altri interventi che Vasari – e con lui la tradizione – attribuisce in gran parte ad Alberti.

A destra: Piero di Cosimo, **Ritratto di Francesco Giamberti** *(1505 circa), particolare con Santo Stefano Rotondo; Amsterdam, Rijksmuseum.*

Sullo sfondo del dipinto a sinistra si intravede Santo Stefano Rotondo.

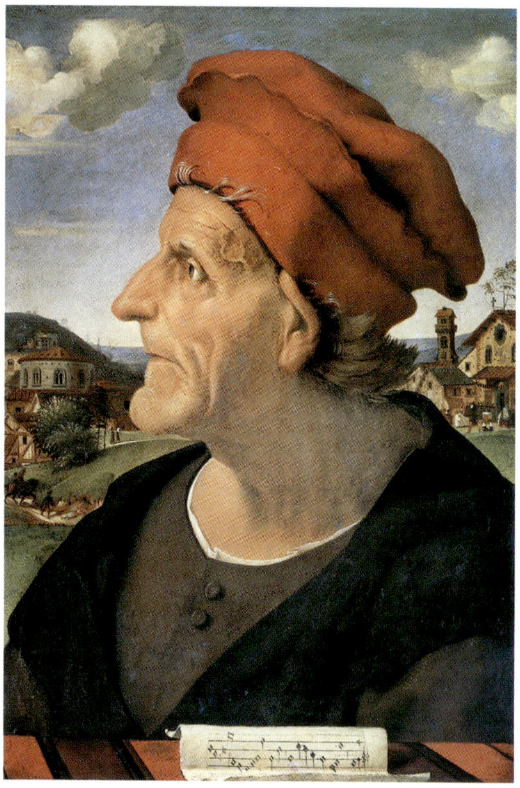

Proprio nel 1452, cioè nel vivo di quella stagione, l'Alberti – stando alla tarda (1475 circa) testimonianza di Mattia Palmieri – avrebbe presentato al papa il suo trattato architettonico. La tradizione, sulla scorta di Vasari (che utilizzò il testo di Manetti), ha intestato all'Alberti l'ideazione di gran parte di questi interventi, ma i documenti non hanno mai confermato questa tesi, e l'opera letteraria stessa di Leon Battista tradisce un atteggiamento più complesso, distaccato, disilluso, talvolta apertamente critico, quasi sempre avaro di riferimenti espliciti. Il papa fa restaurare le mura secondo princìpi non condivisi dal trattatista, anche se è possibile che il piano organico di interventi sia stato facilitato dal rilievo della *Descriptio*, indispensabile per determinare l'esatto perimetro della cinta.

Il secondo dei cinque punti in cui Manetti ha condensato il "piano" di Niccolò V è il restauro delle quaranta chiese stazionali della città, in vista del giubileo e sulla linea

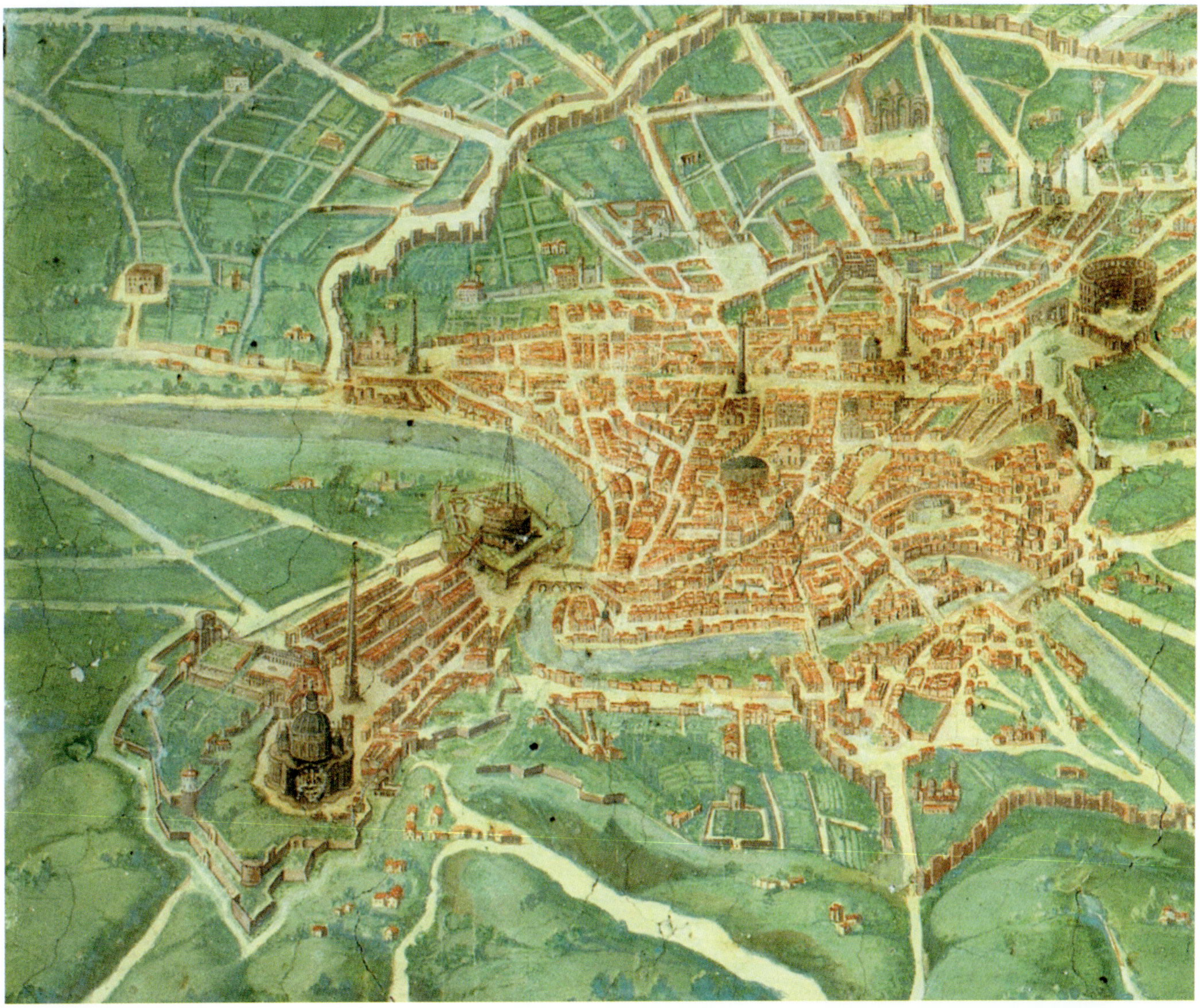

di quanto già intrapreso, dopo lo scisma, dai predecessori Martino V ed Eugenio IV. Poche, e frammentarie, le notizie in proposito: la presenza di Bernardo Rossellino, da Vasari considerato interprete privilegiato dell'Alberti a Roma, appare solo a proposito di Santo Stefano Rotondo: un intervento notevole sul problema della pianta

In alto:
Antonio Danti,
Lazio e Sabina
(1580-1583),
particolare
con la veduta del rione di Borgo a Roma, fra San Pietro e Castel Sant'Angelo; Città del Vaticano, Musei vaticani, Galleria delle carte geografiche.

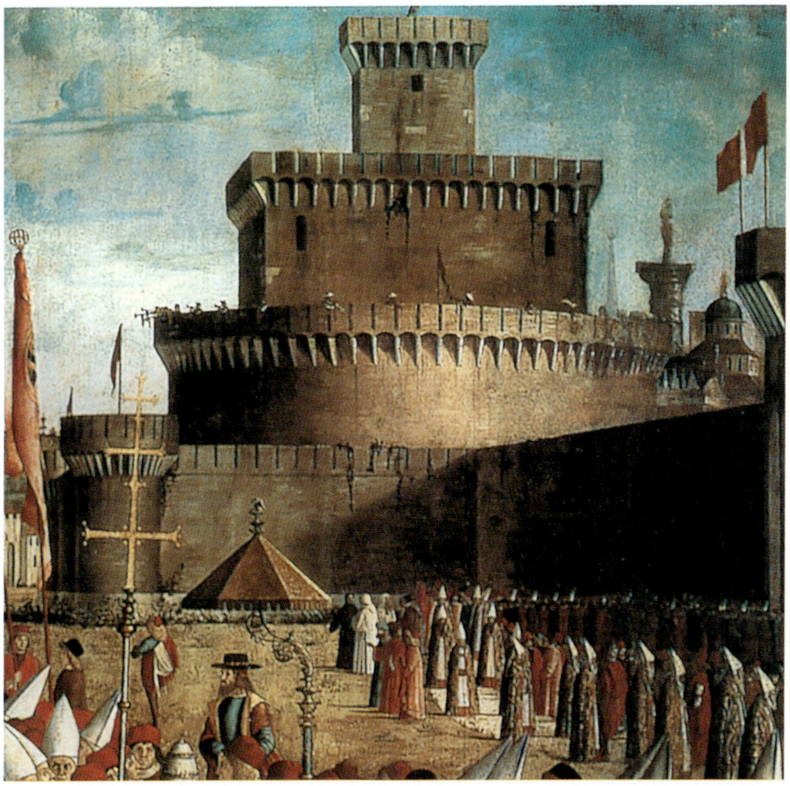

A destra:
Vittore Carpaccio,
L'incontro dei pellegrini col papa, *episodio dalle* **Storie di sant'Orsola** *(1493), particolare con i torrioni cilindrici realizzati dal Rossellino per Niccolò V; Venezia, Gallerie dell'Accademia.*

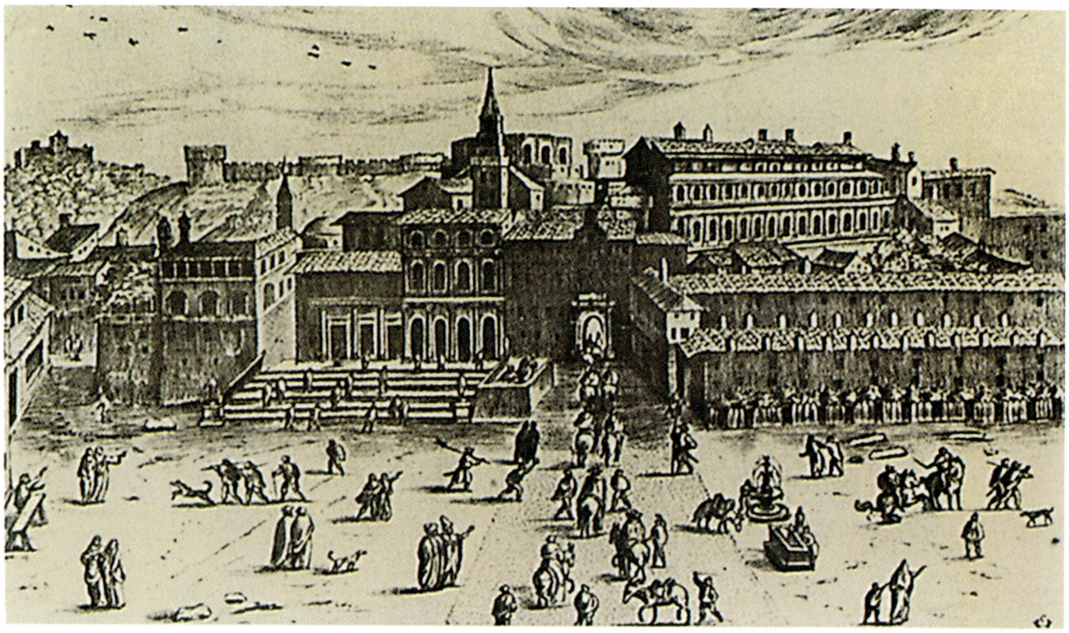

San Pietro durante i lavori di trasformazione della basilica costantiniana a metà Cinquecento in un'incisione di Philippe Galle da Hendrijck de Kleve (1650 circa).

centrale, con conseguente spostamento dell'altare, che indubbiamente può aver attratto l'interesse di Leon Battista, come non mancherà di costituire importante spunto di riflessione per la progettazione del nuovo San Pietro.

Ancor più arduo è vedere il suggerimento albertiano dietro il terzo punto del programma papale: la ristrutturazione del Borgo, il rione tra San Pietro e il nodo di ponte Sant'Angelo, con una grande piazza dinanzi alla basilica e quattro assi viari paralleli, di cui tre fra la basilica stessa e Castel Sant'Angelo, e uno più vicino al Tevere (borgo Santo Spirito). Anche in questo caso è difficile valutare quanto effettivamente realizzato, ma l'idea è grandiosa e sarà ricca di futuri sviluppi, dato che Niccolò V ha definito come sede del papato il Vaticano. Conseguente è perciò il quarto punto del programma: la ristrutturazione del palazzo pontificio vaticano, peraltro affidata alla guida di un enigmatico Antonio di Francesco da Firenze «ingegnere di palazzo»(6). Rientrano in quest'ambito imprese notevoli come la Biblioteca greca, con affreschi prospettici attribuiti ad Andrea del Castagno, e la cappella pontificia affrescata dall'Angelico (e aiuti) con storie dei santi protomartiri Stefano e Lorenzo: scelte significative per orientamento, agevolmente condivisibili da Alberti, ma non per questo necessariamente da lui condizionate.

La punta di diamante dell'intero programma, che Manetti consegna nel 1455 al nuovo papa Callisto III come testamento spirituale di Niccolò V, è citata per ultima: l'intervento di "renovatio" di San Pietro, che prende le mosse dal rinnovamento del capocroce con la fondazione di una grande tribuna e un ampio transetto, interventi che fonti cinquecentesche – Vasari su tutti – hanno attribuito al Rossellino, esagerandone i compiti. Bernardo a Roma è un altro capitolo aperto: solo di recente si è potuto trovare traccia dei suoi interessi antiquari e traffici di materiali di scavo(7). Ma proprio sul tema più significativo del piano papale Alberti sembra prendere le distanze. Nelle pagine del trattato si accenna a una sua inascoltata proposta di restauro dell'antica basilica, se ne valutano con lucidità le precarie condizioni, si esprimono riserve di principio sulla statica del tipo basilicale, si critica la scelta del sito originario, si loda infine la presenza delle vicine rotonde tardoantiche che proprio un progetto di ricostruzione minaccerebbe di far sparire (come infatti avverrà nel Cinquecento), e si ammonisce la committenza a non avventurarsi in imprese troppo vaste e di improbabile realizzazione. Sembra tutto l'opposto di quanto il papa si appresta a intraprendere, non senza palesi incertezze: l'avvio dei lavori è differito rispetto agli altri punti del programma, e nel volgere di circa un anno tutto s'arresta, lasciando un imponente muro di fondazione (poco meno di otto metri) che condizionerà pesantemente i progetti di ricostruzione della basilica di Giulio II e Bramante(8). È difficile valutare se in questa scelta, oltre che preoccupazioni economiche, abbiano inciso in modo determinante le riserve espresse da Leon Battista nel trattato presentato al papa nel 1452, o forse poco dopo. E se qui sembra agire più in negativo, il contributo albertiano appare più rintracciabile nel ripristino voluto dal papa dell'unico acquedotto antico superstite, l'Acqua vergine, che sbocca a Trevi. Accenna al recupero di antichi acquedotti lo stesso Alberti nei suoi scritti, ma anche qui l'iniziativa rientra in un piano più vasto appena abbozzato: il rilancio dello spopolato rione di Monti, almeno presso Santa Maria Maggiore, significativo precedente dell'iniziativa celebre di Sisto V (1585-1590).

Se il rapporto con Niccolò V appare sfumato e quasi indecifrabile[9], non meno complesso è quello che lo lega ad altri eminenti personaggi della curia, primo tra tutti il cardinale Prospero Colonna, che verso il 1447 gli commissiona il recupero delle antiche navi romane del lago di Nemi – da cui il perduto trattatello *Navis*, citato nel *De re aedificatoria* e adombrato in un passo dell'*Hypnerotomachia Poliphili* (1499) di Francesco Colonna[10] – e del quale Alberti ispira i lavori di restauro nel complesso monumentale del Quirinale (verso il 1450 è anche a Palestrina, forse per consigliare Stefano Colonna nel restauro del suo palazzo baronale, anch'esso intimamente connesso a rovine antiche). Ma tra programmatiche affermazioni del potere pontificio, interessi delle famiglie baronali romane e ideali municipali dell'umanesimo civile il conflitto si delinea sempre più aspro, e ne fa le spese lo stesso umanesimo romano, almeno quello non saldamente inquadrato nelle strutture della burocrazia curiale o non inserito nelle alte gerarchie ecclesiastiche. Le "congiure" come quella di Stefano Porcari del 1453 o quella attribuita a Pomponio Leto nel 1468, momenti salienti di un conflitto continuo che si risolverà col trionfo dell'assolutismo papale, irrigidiscono l'atteggiamento della Chiesa, allontanano i pontefici dagli umanisti, e la stessa passione per l'antico viene vista con sospetto, addirittura bollata di idolatria, di empia riesumazione di pratiche pagane.

Non stupisce che le notizie su Alberti romano si facciano sempre più rade, specie dopo la scomparsa di influenti e autorevoli protettori come il Colonna e il Bessarione (a due collaboratori di quest'ultimo affida, nel 1450, la tutela dei propri interessi, al momento di allontanarsi dalla città; mentre Mattia Palmieri, preziosa fonte già ricordata, è segretario del Colonna). Del resto, la permanenza di Leon Battista in città è spesso interrotta: Firenze e Mantova lo coinvolgono in imprese significative, e l'irrigidimento di papa Paolo II Barbo, che nel 1464 (un anno dopo, non a caso, la scomparsa del cardinale Colonna) lo priva della rendita di scrittore apostolico, sembra contribuire a intaccare il rapporto tra l'umanista e la città. Restano gli studi di antiquaria, testimoniati anche da un accenno di Pio II che ricorda un sopralluogo albertiano alle antichità di Albano (è in contatto col cardinale Scarampi, verso il 1460, forse alla ricerca d'un nuovo protettore), o da Bernardo Rucellai che riferisce d'una celebre "gita turistica" da lui compiuta, con Donato Acciaioli e Lorenzo de' Medici, nel 1471, sotto l'autorevole esperta guida di Leon Battista[11].

La sua casa in Banchi, presso San Celso (forse ereditata dal padre banchiere, in una zona dove si concentra la numerosa colonia fiorentina a Roma), diventa un punto d'incontro di artisti: nel 1464 vi si reca Luca Fancelli, per la fabbrica mantovana del San Sebastiano, e nel 1470 vi è ospitato Luca Pacioli. È qui che la morte coglie l'Alberti, nell'aprile 1472: sostanzialmente un isolato, circondato dal deferente omaggio di pochi intellettuali. Tra questi

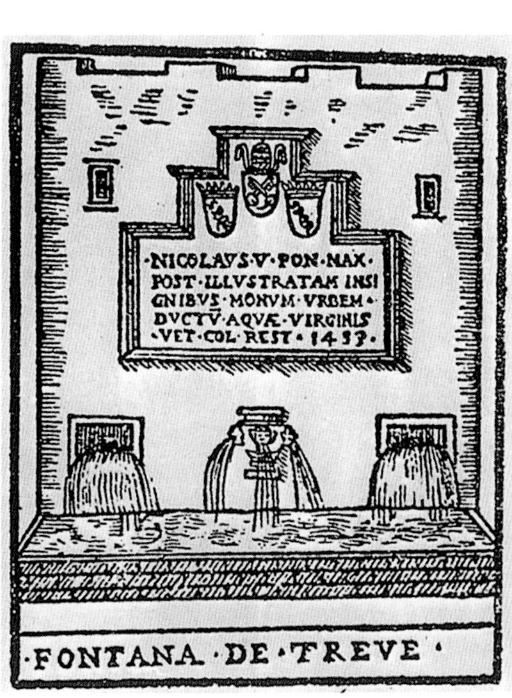

Antica mostra dell'Acqua di Trevi, da cui si riversa l'acqua dell'acquedotto di origine romana denominato dell'Acqua Vergine, in una xilografia del 1588.

Tra gli interventi promossi da Niccolò V, quello relativo al recupero dell'antico acquedotto dell'Acqua Vergine può, più di altri, essere ascritto all'Alberti.

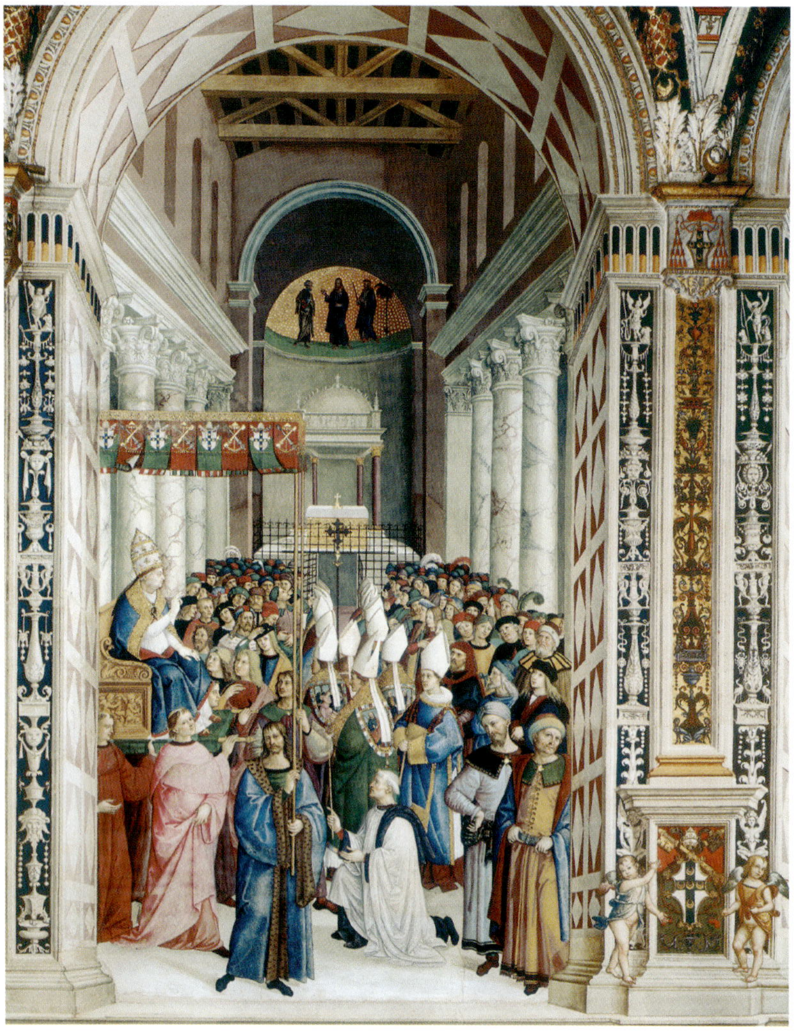

Pinturicchio,
Pio II, incoronato pontefice, entra in Vaticano
(1502-1507 circa);
Siena, duomo, Libreria Piccolomini.

il Landino che ne fa un autorevole personaggio dei suoi dialoghi, il Poliziano che ne curerà l'edizione del trattato d'architettura (mentre a Roma tenta invano, dopo il 1466, di far stampare il *De statua*), Paolo Cortesi che non a caso lo ricorda assieme a Giannozzo Manetti(12) e il colto autore della già ricordata *Hypnerotomachia*, che mostra una straordinaria conoscenza delle sue opere. Tra i tanti anche una voce dissonante: quella di Francesco di Giorgio Martini, che stronca il restauro niccolino di Santo Stefano Rotondo, lamenta l'inefficacia del trattato d'architettura privo d'illustrazioni e di «pratica», e – elemento di estremo interesse – sembra far carico a Leon Battista, adombrandone un ruolo ispiratore ancora tutto da verificare, di dissesti e incongruenze statiche del duomo di Pienza. Di quella città ideale che, sia pure in scala ridotta – ma proprio per questo più tangibile – eredita il tono aulico dei progetti dei papi umanisti e la cui esecuzione fu, questa sì, affidata al Rossellino. Ma, quasi paradossalmente, proprio il ruolo defilato, di grande "numen" culturale e di coltissimo ispiratore recitato da Alberti a Roma, nonché lo stesso carattere universalizzante e indeterminato dei grandiosi programmi pontifici, e quello prevalentemente teorico dei trattati di Leon Battista, hanno finito per mantenere quasi intatti, e non obliterati, il fascino e il significato del lungo, enigmatico periodo romano dell'artista.

(2) Cfr. P. Marolda, *Crisi e conflitto in Leon Battista Alberti*, Roma 1988, in cui il testo è esaminato assieme al *De re aedificatoria*.
(3) Cfr. L. Vagnetti, *La «Descriptio urbis Romae» di L. B. Alberti*, in "Quaderni dell'Università degli Studi di Genova, Facoltà di architettura e rilievo dei monumenti", I, 1968, pp. 25-78.
(4) Cfr. l'edizione moderna del *Momo*, a cura di V. Consolo, Genova 1986. Cfr. inoltre R. Rinaldi, *Parodia come allegoria. Il «Momus» di Alberti e la parodia classica*, in "Atti e memorie dell'Arcadia", VIII, 4, 1986-1987, pp. 129-163; A. Perosa, *Considerazioni su testo e lingua del «Momus» dell'Alberti*, in *The Languages of Literature in Renaissance Italy. For Cecil Grayson*, Oxford 1988, pp. 45-62; J. H. Withfield, *«Momus» and the Language of Irony*, ivi, pp. 31-43; A. Borghini, *Un'altra probabile fonte del «Momo» di L. B. Alberti: Esopo*, in "Rivista di letteratura italiana", V, 3, 1987, pp. 455-466.
(5) Il testo è pubblicato in appendice da T. Magnuson, *Studies in Roman Quattrocento Architecture* ("Figura. Nuova serie", 9), Stoccolma 1958, pp. 351-362. Il piano è più dettagliatamente analizzato da chi scrive in *L'Alberti a Roma*, in S. Borsi, F. Quinterio, C. Vasić Vatovec, *Maestri fiorentini nei cantieri romani del Quattrocento*, a cura di S. Danesi Squarzina, Roma 1989, pp. 45-74.
(6) Cfr. F. Quinterio, *Antonio di Francesco da Firenze*, in Borsi, Quinterio, Vasić Vatovec, *op. cit.*, pp. 93-100.
(7) F. Caglioti, *Bernardo Rossellino a Roma. I. Stralci del carteggio mediceo (con qualche briciola sul Filarete)*, in "Prospettiva", n. 64, 1991, pp. 49-59.
(8) Una sintesi della vicenda, a cura dello scrivente, è in F. Borsi, *Bramante architetto*, Milano 1989, pp. 300-312, con indicazioni bibliografiche.
(9) G. Dehio, *Die Bauprojekte Nicolaus des Fünften und L. B. Alberti*, in "Repertorium für Kunstwissenschaft", III, 1880, pp. 241-275, estende l'ipotesi vasariana e il ruolo albertiano, ridimensionato da C. W. Westfall, *L'invenzione della città*, Roma 1984 (ed. or. 1974), e parzialmente rilanciato da C. Burroughs, *From Signs to Design. Environmental Process and Reform in Early Renaissance Rome*, Cambridge (Mass.) - Londra 1990. Il ruolo di Rossellino è invece ridimensionato da C. R. Mack, *Nicholas the Fifth and the Rebuilding of Rome: Reality and Legacy*, in *Light on the Eternal City. Papers in Art History from the Pennsylvania State University*, State College 1987, vol. II, pp. 31-56.
(10) Cfr. S. Borsi, *Polifilo architetto: cultura architettonica e teoria artistica nell'«Hypnerotomachia Poliphili» di Francesco Colonna*, Roma 1995.
(11) B. Rucellai, *De urbe Roma* (1496 circa), in R. Valentini, G. Zucchetti, *Codice topografico della città di Roma*, Roma 1953, vol. IV, p. 445.
(12) P. Cortesi, *De hominibus doctis dialogus*, in *Philippi Villani Liber*, a cura di G. C. Galletti, Firenze 1847, p. 227. Cfr. l'antologia critica in F. Borsi, *Leon Battista Alberti*, Milano 1972 e 1975, pp. 359-375 (antologia a cura di G. Morelli).

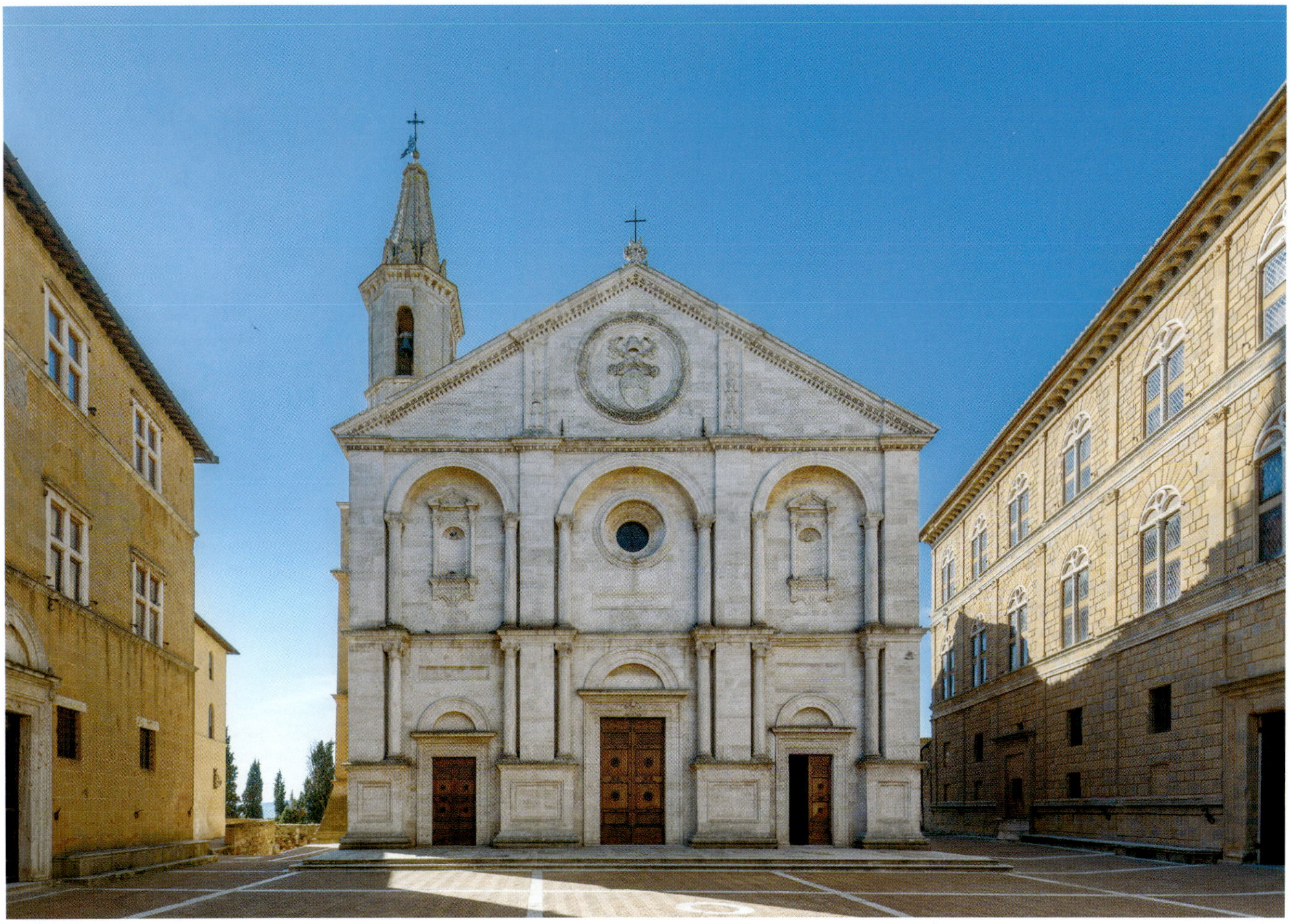

Sopra: scorcio di piazza Pio II a Pienza verso il duomo e palazzo Piccolomini. Pienza con i suoi edifici quattrocenteschi fu realizzata da Bernardo Rossellino (1459-1462) per Pio II Piccolomini. Ma Francesco di Giorgio Martini vide in Alberti il vero ideatore del duomo, ritenendolo anche responsabile dei dissesti che a suo dire già manifestava.

A destra: scorcio di piazza Pio II a Pienza verso il Palazzo comunale, con la sua loggia, e il Palazzo vescovile. Nell'VIII libro del De re aedificatoria *Alberti scrive: «Certamente che e nella piazza e nel riscontro delle strade sarà ornamento non piccolo se vi sarà una bella loggia, sotto la quale i vecchi padri stieno o sedendo o passeggiando il giorno».*

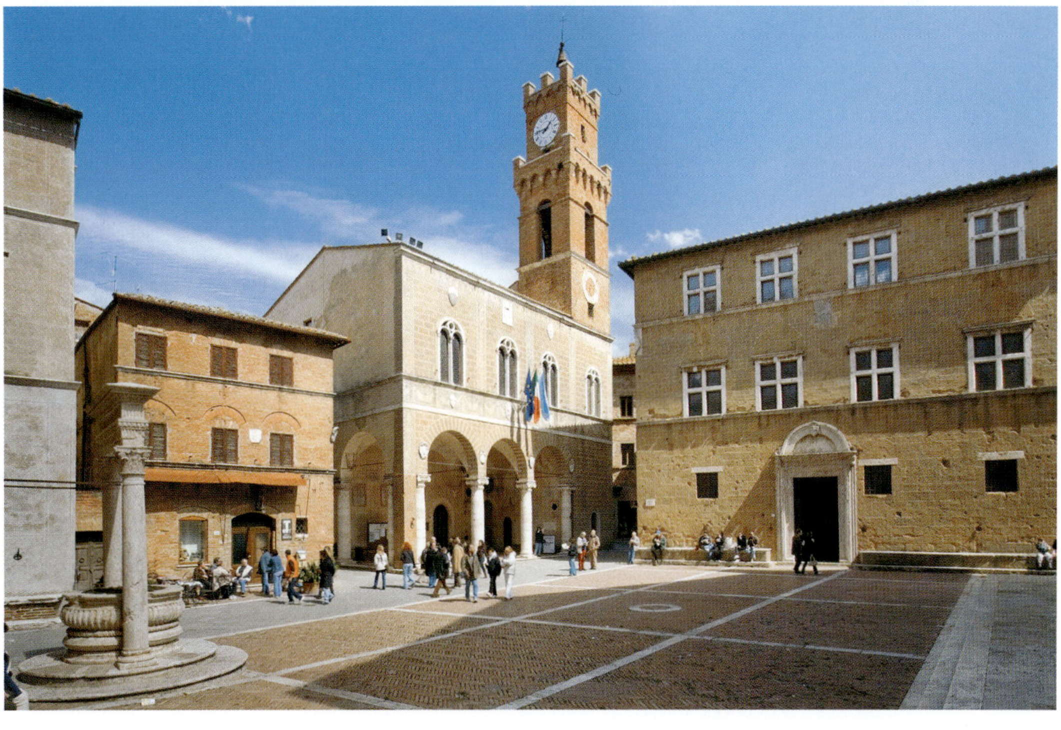

QUADRO CRONOLOGICO

AVVENIMENTI STORICI E ARTISTICI		VITA DI LEON BATTISTA ALBERTI
Gherardo Stamina, tornato dalla Spagna, affresca nella chiesa del Carmine a Firenze; nella stessa città Ghiberti attende ai lavori della porta nord del battistero secondo i patti stipulati l'anno precedente. *Trittico di Empoli* di Lorenzo Monaco. Leonardo Bruni scrive il panegirico di Firenze.	**1404**	Nasce a Genova, figlio illegittimo di Lorenzo di Benedetto Alberti, ricco mercante fiorentino in esilio, e di una nobildonna genovese.
Conquista di Pisa da parte delle truppe fiorentine. Nasce a Firenze Filippo Lippi.	**1406**	La madre muore di peste.
Firenze conquista Livorno. Nasce Andrea del Castagno, muore Nanni di Banco. Leonardo Bruni scrive il *De militia*.	**1421**	Morte prematura del padre, e dissidi coi familiari per l'eredità. Studia a Padova presso Gasparino Barsizza dal 1415, poi si trasferisce a Bologna.
Guerra tra Firenze e Milano e sconfitta fiorentina di Zagonara. Masolino inizia gli affreschi della cappella Brancacci nella chiesa del Carmine a Firenze; qui lo Spedale degli Innocenti è giunto all'architrave ed è posta in opera la porta nord del battistero, eseguita da Lorenzo Ghiberti.	**1424**	Scrive la commedia *Philodoxeos*, che circola per un decennio come opera di un autore antico, Lepido.
Alleanza antiviscontea tra Venezia e Firenze. Paolo Uccello lavora a Venezia. Gentile da Fabriano lascia Firenze per Siena. Masolino parte per l'Ungheria.	**1425**	A Ferrara, il marchese Niccolò III d'Este punisce le ferraresi adultere: l'episodio è ricordato da Alberti nella sua autobiografia latina, rimasta incompiuta.
Pace tra Firenze e Milano. Masolino si trasferisce a Roma. Muore Masaccio. A Firenze Brunelleschi inizia i progetti per Santo Spirito.	**1428**	Conclude un ciclo di studi universitari a Bologna, in diritto canonico, ma opta per non proseguirli. A Firenze è revocato il bando contro gli Alberti.
Guerra tra Firenze e Milano e tentativo fiorentino di assediare Lucca. Donatello parte per Roma.	**1430**	A Firenze completa le *Egloghe* e il trattatello *De commodis litterarum atque incommodis*.
Muore papa Martino V Colonna: al suo posto è eletto il veneziano Eugenio IV Condulmer. Si inizia a costruire a Firenze la cappella dei Pazzi, adiacente la chiesa di Santa Croce. Lorenzo Valla scrive il *De voluptate*.	**1431**	In ottobre inizia a collaborare col patriarca di Grado, Biagio Molin, che regge la cancelleria di papa Eugenio IV.
Eugenio IV scomunica i Colonna. Battaglia di San Romano tra truppe fiorentine e senesi-viscontee. Masolino termina gli affreschi di palazzo Orsini a Montegiordano (Roma). Viene commissionato a Filippo Brunelleschi il modello per la lanterna della cupola della chiesa di Santa Maria del Fiore a Firenze.	**1432**	Si trasferisce a Roma. Studia ottica: il ricordo dei suoi esperimenti è nell'autobiografia. Il papa gli concede la prioria di San Martino a Gangalandi, presso Firenze, con una rendita presunta di centosessanta fiorini l'anno.
Pace di Ferrara tra Milano e Firenze (e Venezia). A Firenze gli Albizi riescono a far esiliare i Medici. *Tabernacolo dei Linaioli* di Beato Angelico.	**1433**	Scrive la *Vita Sancti Potiti* su richiesta del Molin.
Revoca dell'esilio contro i Medici. Sollevazione antipapale a Roma: il papa si trasferisce a Firenze. Anche Bologna si solleva, appoggiata da Milano: Firenze e Venezia inviano truppe, sconfitte a Imola in agosto.	**1434**	Giunge a Firenze al seguito del papa, compone in volgare i primi tre libri *Della famiglia*, e gli *Elementa picturae* in latino.
La città di Genova insorge contro i Visconti.	**1435**	Attende alla stesura del trattato *De pictura.*
Consacrazione da parte del pontefice della cupola del duomo di Firenze. In quella stessa chiesa Paolo Uccello affresca il *Monumento equestre di Giovanni Acuto. Vita di Dante* di Leonardo Bruni.	**1436**	Completa la stesura delle due versioni, latina e volgare – quest'ultima dedicata a Brunelleschi – del *De pictura*.
Il concilio ecumenico indetto per unificare le due Chiese, orientale e occidentale, si trasferisce da Basilea a Ferrara. Il marchese di Mantova si allea con Milano contro Venezia. *Madonna di Tarquinia* di Filippo Lippi.	**1437**	Dopo aver seguito nell'anno precedente il papa a Bologna, dove compone gli *Apologhi*, scrive il trattatello giuridico *De iure*.
Il papa raggiunge Ferrara in gennaio. In agosto scoppia una pestilenza e il concilio si sposta a Firenze. Muore Jacopo della Quercia. Il Beato Angelico è a Cortona. Filippo Lippi dipinge la *Pala Barbadori*.	**1438**	A gennaio è a Bologna, da dove si trasferisce a Ferrara per raggiungere la curia. Nessuna delle opere citate nella sua autobiografia oltrepassa questa data. In dicembre scrive *Uxoria*.
È sancita l'unificazione tra la Chiesa d'oriente e la Chiesa d'occidente. Domenico Veneziano e Piero della Francesca iniziano gli affreschi nella chiesa di Sant'Egidio a Firenze. Muore Ambrogio Traversari.	**1439**	A Firenze, riordina le *Intercenali*, che dedica a Paolo dal Pozzo Toscanelli, e scrive il quarto libro *Della famiglia*.
Vittoria dell'esercito fiorentino-papale ad Anghiari, presso Arezzo, sulle truppe viscontee. Muore Masolino. Filippo Lippi dipinge l'*Annunciazione* per la cappella Martelli in San Lorenzo a Firenze.	**1440**	Attende alla stesura del *Theogenius*.
Muore Niccolò III d'Este: Leonello d'Este è il nuovo duca di Ferrara. Pace di Cavriana tra Milano e la lega antiviscontea. Nozze tra Francesco Sforza e Bianca Maria Visconti.	**1441**	Terminato il *Theogenius*, lo dedica a Leonello d'Este, dal quale è consultato per il monumento equestre del duca Niccolò. Scrive il *De equo animante*. A Firenze organizza il concorso poetico in volgare noto come Certame coronario.
A Napoli Alfonso d'Aragona spodesta Renato d'Angiò. Andrea del Castagno dipinge a Venezia. A Firenze, Lorenzo Ghiberti consegna all'Opera del duomo l'urna di San Zanobi.	**1442**	Sfuma la seconda edizione del Certame coronario a Firenze. Termina il *Profugiorum ab aerumna* (o *Tranquillità dell'animo*).
Eugenio IV si trasferisce a Siena, e poi a Roma. Firenze si allea con Milano e Venezia contro Alfonso d'Aragona. Donatello parte per Padova.	**1443**	È la datazione comunemente attribuita al *Momus*. Lascia Firenze e fa ritorno a Roma. Tommaso Ceffi revisiona i suoi libri *Della famiglia*.
Muore Leonardo Bruni: Carlo Marsuppini nuovo cancelliere della Repubblica fiorentina. Ludovico Gonzaga è il nuovo signore di Mantova.	**1444**	A Roma, scrive forse in quest'anno la *Grammatica vaticana*, il primo testo di grammatica in volgare.

AVVENIMENTI STORICI E ARTISTICI		VITA DI LEON BATTISTA ALBERTI
In febbraio muore Eugenio IV: gli succede Niccolò V Parentucelli. In agosto muore Filippo Maria Visconti: a Milano è instaurato un governo repubblicano.	**1447**	Affida a due procuratori i suoi interessi circa la prioria di Gangalandi, presso Firenze. Probabile data del tentativo di recuperare le antiche navi sommerse del lago di Nemi – eseguito su commissione del cardinale Prospero Colonna – e della stesura della *Descriptio urbis Romae*.
Sigismondo Pandolfo Malatesta scioglie l'assedio di Piombino sconfiggendo le truppe aragonesi.	**1448**	Papa Niccolò V gli assegna ottanta fiorini annui di prebenda sulle rendite della pieve di San Lorenzo a Borgo San Lorenzo, nel Mugello.
Muore Leonello d'Este: Borso nuovo signore di Ferrara. Francesco Sforza diviene signore di Milano. Giubileo a Roma.	**1450**	Probabile stesura del *De statua*. Filelfo, in un carme, gli chiede notizie del *Momus*. Affida a due procuratori la tutela generale dei suoi interessi, pensando di allontanarsi a lungo da Roma. Si reca a Palestrina.
L'imperatore Federico III si reca a Roma. Filippo Lippi inizia gli affreschi nella zona absidale del duomo di Prato. Piero della Francesca subentra a Bicci di Lorenzo negli affreschi della chiesa di San Francesco ad Arezzo.	**1452**	Stando a una fonte più tarda, avrebbe offerto in quest'anno al papa una copia del *De re aedificatoria*. Muore Meladuso d'Este, abate di Pomposa, dedicatario dei *Ludi mathematici*.
Caduta di Costantinopoli dopo un lungo assedio da parte dei turchi guidati da Maometto II: muore l'imperatore Costantino XI, è la fine dell'impero d'Oriente. Congiura di Stefano Porcari a Roma e conseguente irrigidimento di Niccolò V.	**1453**	Scrive l'epistola *De Porcaria coniuratione*.
Muore Niccolò V e viene eletto papa lo spagnolo Callisto III Borgia. Poggio Bracciolini scrive il *De miseria humanae conditionis*.	**1455**	Scrive *Musca*, ispirato a Luciano, e *Canis*.
Papa Pio II Piccolomini, eletto l'anno precedente, sollecita la crociata antiturca convocando la dieta di Mantova. I turchi conquistano la Serbia. Bernardo Rossellino viene incaricato da Pio II di ristrutturare Corsignano, il borgo nel territorio senese in cui il papa è nato: prenderà il nome di Pienza.	**1459**	Raggiunge il papa a Mantova ed entra in contatto con Ludovico Gonzaga.
Muore Guarino Veronese. Michelozzo costruisce a Milano il palazzo del banco mediceo (scomparso).	**1460**	*Trivia*, trattatello retorico dedicato a Lorenzo de' Medici. Si trattiene a Mantova, dove lavora al progetto per la chiesa di San Sebastiano.
Michelozzo realizza la cappella Portinari nella chiesa di Sant'Eustorgio a Milano. A Firenze, per impulso di Cosimo il Vecchio, viene fondata l'Accademia platonica, tra i cui animatori è Marsilio Ficino.	**1462**	Per Natale dona ai nipoti il manoscritto delle *Sentenze pitagoriche*.
Pio II bandisce una crociata contro i turchi. Benozzo Gozzoli affresca a San Gimignano.	**1463**	In gennaio è di nuovo a Mantova per la chiesa di San Sebastiano.

AVVENIMENTI STORICI E ARTISTICI		VITA DI LEON BATTISTA ALBERTI
Muore il papa Pio II ed è eletto il veneziano Paolo II Barbo; cade il progetto di una crociata. Muore Cosimo de' Medici, gli succede il figlio Piero il Gottoso. Porta della sagrestia di Santa Maria del Fiore a Firenze, di Luca della Robbia. Muore Bernardo Rossellino.	**1464**	Luca Fancelli lo consulta a Roma per la fabbrica di San Sebastiano. Viene privato della carica di abbreviatore apostolico.
Andrea Mantegna inizia la Camera degli sposi a Mantova. Muore il cardinale Scarampi.	**1465**	Il marchese di Mantova intercede invano in suo favore presso il papa.
Muore Francesco Sforza; gli succede, a Milano, Galeazzo Maria. A Firenze, i Medici esiliano i Soderini e rafforzano il loro potere. Alesso Baldovinetti affresca la cappella del Cardinale del Portogallo in San Miniato al Monte a Firenze. Muore Donatello.	**1466**	Probabile data del *De componendis cifris*. Da quest'anno tenta senza successo di far stampare a Roma il *De statua*.
Cristoforo Landino è cancelliere della Parte guelfa di Firenze. Paolo Uccello lavora a Urbino, Filippo Lippi a Spoleto.	**1467**	Viene edificato il *Tempietto del Santo sepolcro* nella cappella Rucellai a Firenze.
Presunta congiura antipapale di Pomponio Leto e scioglimento dell'Accademia romana. Benozzo Gozzoli affresca nel Camposanto di Pisa.	**1468**	Muore Sigismondo Pandolfo Malatesta: si interrompono i lavori al Tempio malatestiano di Rimini. Scrive a Roma il *De iciarchia*. È nominato rettore di San Zanobi a Pian di Ripoli, presso Firenze.
Muore Piero de' Medici, gli succedono Lorenzo e Giuliano. Nozze tra Isabella di Castiglia e Ferdinando d'Aragona, e fusione dei due regni spagnoli.	**1469**	È ambientato in quest'anno il dialogo *De vera nobilitate* del Landino: l'autore è tra i protagonisti, lo si presume perciò presente a Firenze.
Giovanni Antonio Amadeo inizia la cappella Colleoni a Bergamo. Esordio ufficiale di Sandro Botticelli a Firenze con la *Fortezza* per il Tribunale della mercanzia (il dipinto si trova oggi agli Uffizi). De Roberti e Del Cossa iniziano gli affreschi del salone dei Mesi in palazzo Schifanoia a Ferrara.	**1470**	Si reca di nuovo a Mantova. La data compare sulla facciata di Santa Maria Novella, i cui lavori sono promossi dai Rucellai. Ospita a Roma fra Luca Pacioli (non oltre il luglio 1471).
Muore Paolo II: nuovo papa è Sisto IV della Rovere. Muore a Ferrara Borso d'Este, gli succede Ercole I. Nasce a Norimberga Albrecht Dürer.	**1471**	In inverno è ancora a Mantova. A Roma, accompagna il giovane Lorenzo de' Medici, Donato Acciaioli e Bernardo Rucellai a visitare a cavallo le antichità.
Muore a Roma Leonardo Dati. Cristoforo Landino scrive le *Disputationes camaldulenses*. Verrocchio termina il monumento sepolcrale di Piero e Giovanni de' Medici in San Lorenzo a Firenze. Viene fondata, a Siena, la più antica banca ancora oggi in attività, il Monte dei Paschi. A Roma apre quello che può essere considerato il primo museo italiano, il Museo capitolino, grazie a una donazione di papa Sisto IV. Muore lo scultore e architetto Michelozzo.	**1472**	Inizia la costruzione della chiesa di Sant'Andrea a Mantova. In aprile muore a Roma, nella sua casa in Banchi.

BIBLIOGRAFIA

Principali opere di Alberti:
Opere volgari di Leon Battista Alberti, a cura di A. Bonucci, Firenze 1843-1849; *L. B. Albertis kleinere kunstheoretische Schriflen,* a cura di H. Janitschek, Vienna 1877; *Opera inedita et pauca separatim impressa,* a cura di G. Mancini, Firenze 1890; *I libri della famiglia,* a cura di G. Mancini, Firenze 1908; *Opuscoli inediti: Musca, Vita S. Potiti,* a cura di C. Grayson, Firenze 1954; *Opere volgari,* a cura di C. Grayson, 3 voll., Bari 1960-1973; *Intercenali inedite,* a cura di E. Garin, in "Rinascimento", IV, 1964, pp. 125-258; *Venticinque inediti e sconosciuti di Leon Battista Alberti,* a cura di E. Garin, in "Belfagor", XIX, 1964, pp. 377-396; *L'architettura (De re aedificatoria),* trad. G. Orlandi, introduzione e note P. Portoghesi, 2 voll., Milano 1966; *Descriptio urbis Romae,* a cura di L. Vagnetti e G. Orlandi, in "Quaderni dell'Università degli studi di Genova. Facoltà di architettura e rilievo dei monumenti", I, ottobre 1968; *De pictura,* a cura di C. Grayson, Roma 1975; *Apologhi ed elogi,* a cura di R. Contarino, Genova 1984; *Momo o del principe,* a cura di V. Consolo, Genova 1986; L. B. Alberti, *Opera omnia / Oeuvres completes,* 2 voll., Parigi 2002-2003; L. B. Alberti, "Edizione nazionale delle opere", 7 voll., Firenze 2004-2014.

Fonti su Alberti:
G. Vasari, *Le vite de' più eccellenti pittori, scultori e architetti,* Firenze 1550 e 1568; G. Mancini, *Vita di Leon Battista Alberti,* Roma 1911, rist. 1963; E. Garin, R. Fubini *et al.*, in "Rinascimento", II, n. 12, 1972-1974 (monografico).

Opere di carattere generale:
R. Wittkower, *Alberti's Approach to Antiquity in Architecture,* in "Journal of the Warburg and Courtauld Institutes", IV, 1941, pp. 1-18; C. Grayson, *The Composition of L. B. Alberti's Decem Libri De Re Aedificatoria,* in "Münchner Jahrbuch der bildenden Kunst", III, n. 9, 1960, pp. 152-161; J. Gadol, *L. B. Alberti. Universal Man of Early Renaissance,* Chicago-Londra 1969; F. Borsi, *Leon Battista Alberti,* Milano 1972 e 1975, ed. aggiornata 1986 (con antologia critica e bibliografia) ; C. Cancro, *Filosofia e architettura in L. B. Alberti,* Napoli 1978; M. Tafuri, *Discordant Harmony: Alberti to Zuccari,* in "Architectural Design", XLIX, n. 5-6, 1979, pp. 36-44; C. Vasić Vatovec, *Luca Fancelli. Epistolario gonzaghesco,* prefazione F. Borsi, Firenze 1979; F. Choay, *La règie et le modèle,* Parigi 1980; S. Borsi, *L'Alberti a Roma,* in S. Borsi, F. Quinterio, C. Vasić Vatovec, *Maestri fiorentini nei cantieri romani del Quattrocento,* a cura di S. Danesi Squarzina, Roma 1989, pp. 45-74; M. Jarzombek, *On L. B. Alberti. His Literary and Aesthetic Theories,* Cambridge (Mass.) - Londra 1989; F. Borsi, S. Borsi, *Leon Battista Alberti,* Dossier allegato di "Arte e Dossier", 93, Firenze 1994; *Leon Battista Alberti,* catalogo della mostra (Mantova, Galleria civica di palazzo Te, 10 settembre - 11 dicembre 1994), a cura di J. Rykwert e A. Engel, Milano 1994; *Rinascimento da Brunelleschi a Michelangelo. La rappresentazione dell'architettura,* catalogo della mostra (Venezia, Palazzo Grassi, 31 marzo - 6 novembre 1994), a cura di H. Millon e V. Magnago Lampugnani, Milano 1994; *Leon Battista Alberti. Architettura e cultura* ("Accademia nazionale virgiliana di scienze, lettere ed arti. Miscellanea", 7), atti del convegno internazionale (Mantova, 16-19 novembre 1994), Firenze 1999; *Il potere, le arti, la guerra. Lo splendore dei Malatesta,* catalogo della mostra (Rimini, Castel Sismondo, 3 marzo – 15 giugno 2001), a cura di A. Donati, Milano 2001; *La Roma di Leon Battista Alberti. Umanisti, architetti e artisti alla scoperta dell'antico nella città del Quattrocento,* catalogo della mostra (Roma, Musei capitolini, 24 giugno - 16 ottobre 2005), a cura di F. P. Fiore, con la collab. di A. Nesselrath, Milano 2005; *Leon Battista Alberti. La biblioteca di un umanista,* catalogo della mostra (Firenze, Biblioteca medicea laurenziana, 8 ottobre 2005 - 7 gennaio 2006), a cura di R. Cardini, con la collab. di L. Bertolini e M. Regoliosi, Firenze 2005; G. Morolli, *Leon Battista Alberti, Firenze e la Toscana. Itinerari territoriali e percorsi mentali,* adattamento e cura di E. Daniele, Firenze 2006; *L'uomo del Rinascimento. Leon Battista Alberti e le arti a Firenze tra ragione e bellezza,* catalogo della mostra (Firenze, palazzo Strozzi, 11 marzo - 23 luglio 2006), a cura di C. Acidini e G. Morolli, Firenze 2006; M. Bulgarelli, *Leon Battista Alberti, 1404-1472. Architettura e storia,* Milano 2008; F. P. Fiore, *Leon Battista Alberti,* Milano 2012; E. Garin, *Leon Battista Alberti,* con introduzione di M. Ciliberto, Pisa 2013; S. Borsi, *Introduzione alla "Porcaria coniuratio" di Leon Battista Alberti,* Melfi 2015.

Studi specifici sull'architettura di Alberti:
W. Braghirolli, *Die Baugeschichte der Tribuna der SS. Annunziata in Florenz,* in "Repertorium für Kunstwissenschaft", II, 1879; A. Venturi, *Le opere primitive di L. B. Alberti,* in "Lo spettatore", I, 1, 1922; A. Schiavi, *Il restauro della chiesa di San Sebastiano di L. B. Alberti in Mantova,* Mantova 1932; D. Neri, *Il Santo sepolcro nella cappella Rucellai,* Firenze 1934; P. Pelati, *La basilica di S. Andrea,* Mantova 1952; T. Magnuson, *The Project of Nicolas V for Rebuilding the Borgo Leonino in Rome,* in "The Art Bulletin", XXXVI, 1954, pp. 89-115; C. Brandi, *Il Tempio malatestiano,* Torino 1956; P. Portoghesi, *Il Tempio malatestiano,* Firenze 1966; P. G. Pasini, in *Sigismondo Pandolfo Malatesta e il suo tempo,* catalogo della mostra (Rimini, sala dell'Arengo, 12 luglio - 13 settembre 1970), a cura di F. Arduini *et al.*, Vicenza 1970; E. J. Johnson, S. *Andrea in Mantua. The Building History,* Pennsylvania University Park - Londra 1975; C. Ceschi, *S. Stefano Rotondo,* Roma 1983; H. Saalman, *Alberti's San Sebastiano in Mantua,* in *Renaissance Studies in Honor of C. H. Smyth,* Firenze 1985, pp. 643-652; S. Borsi, *La città vascolarizzata di Leon Battista Alberti e Leonardo da Vinci. Anatomia e cultura urbana nel Rinascimento,* Melfi 2010; S. Borsi, *Leon Battista Alberti tra Venezia e Ferrara. Le tracce del nucleo antico del "De re aedificatoria",* Melfi 2011; S. Borsi, *Leon Battista Alberti e la cupola di Santa Maria del Fiore,* Melfi 2012.

REFERENZE FOTOGRAFICHE
Tutte le le foto pubbliocate appartengono all'Archivio Giunti a eccezione di: coperta e p. 16 (©Khirman Vladimir/Shutterstock); seconda di coperta, pp. 17, 24, 25 (© Dario Lasagni, Reggio Emilia); p. 4 (Daniel Arnaudet/RMN-Réunion des Musées Nationaux/distr. Alinari); pp. 5, 6b, 12, 47b (PHOTOSHOT/SINTESI); p. 7 (Shutterstock/s74); p. 13 (DeA Picture Library, concesso in licenza ad Alinari); p. 14 (MONDADORI PORTFOLIO/Electa/Sergio Anelli); pp. 18a, 20b, 28, 46 (Archivi Alinari, Firenze); p. 19a (Res/Realy Easy Star); p. 19b (Shutterstock/Claudio Zaccherini); pp. 21, 34 (Foto Scala, Firenze); pp. 22-23 (Shutterstock/ Anton_Ivanov); p. 26b (Heiner Heine/Interfoto/Archivi Alinari); p. 27 (AdobeStock); p. 29 (ANDREA SAMARITANI/MERIDIANA/SINTESI); p. 30a (UIG/Archivi Alinari); p. 31 (Raffaello Bencini/Archivi Alinari, Firenze); p. 32 (© Franco Cogoli/SIME/SIE); pp. 33, 37 Marco Ravenna/Electa/Mondadori Portfolio/Getty Images); pp. 38, 41a (Heritage Images/Getty Images); p. 40 (Lensini©); DeAgostini Picture Library/ p. 42b (Scala, Firenze); p. 47a (Shutterstock/Jaroslaw Pawlak).

L'editore si dichiara disponibile a regolare le spettanze per quelle immagini di cui non sia stato possibile reperire la fonte.

Art e Dossier
Inserto redazionale
allegato al n. 93
Settembre 1994

Direttore responsabile
Claudio Pescio

Pubblicazione
periodica
Reg. Cancell. Trib.
Firenze n. 3384
del 22.11.1985
Iva assolta dall'editore
a norma dell'articolo
74 lett. c - DPR 633
del 26.10.72
www.giunti.it
www.artedossier.it

Firenze - Milano
Prima edizione:
Settembre 1994
Nuova edizione:
Dicembre 2017

MISTO
Carta da fonti gestite
in maniera responsabile
FSC® C016466
www.fsc.org

Printed in Italy
Stampa presso Lito
Terrazzi srl.
Stabilimento di Iolo